Positionen

Beiträge zur Ordnungspolitik
aus dem Institut der deutschen Wirtschaft Köln

Holger Schäfer / Jörg Schmidt / Oliver Stettes

Qualität der Arbeit

D1664676

Institut der deutschen
Wirtschaft Köln *Medien GmbH*

Bibliografische Information der Deutschen Nationalbibliothek.
Die Deutsche Nationalbibliothek verzeichnet diese Publikation in
der Deutschen Nationalbibliografie. Detaillierte bibliografische
Daten sind im Internet über http://www.dnb.de abrufbar.

ISBN 978-3-602-24158-3 (Druckausgabe)
ISBN 978-3-602-45958-2 (E-Book|PDF)

Herausgegeben vom Institut der deutschen Wirtschaft Köln

Grafik: Dorothe Harren

© 2013 Institut der deutschen Wirtschaft Köln Medien GmbH
Postfach 10 18 63, 50458 Köln
Konrad-Adenauer-Ufer 21, 50668 Köln
Telefon: 0221 4981-452
Fax: 0221 4981-445
iwmedien@iwkoeln.de
www.iwmedien.de

Druck: Hundt Druck GmbH, Köln

Inhalt

1 Einleitung

Arbeit steht im Zentrum der gesellschaftlichen Teilhabe und der Daseins-vorsorge von Menschen. Sie beansprucht einen großen Teil der Lebenszeit, dient der materiellen Existenzsicherung und ist eine wichtige Säule für die Persönlichkeitsentwicklung sowie für die Herausbildung des Selbstwertge-fühls. Gute, anständige oder faire Arbeit ist daher fundamental für ein qualitativ hochwertiges Leben (Anker et al., 2002, 1). Die Frage, ob eine Arbeit gut, anständig oder fair ist, liegt daher nahe und ist schnell gestellt. Die Antwort darauf fällt hingegen schwer, denn es besteht kein Konsens darüber, wie eine Arbeit beschaffen sein muss, damit Attribute wie diese zutreffen, und mit welchem Maßstab die Qualität von Arbeit bestimmt werden soll (Dahl et al., 2009, 23).

In Wissenschaft und Politik – sowohl auf nationaler als auch auf internationaler Ebene – ist das Konstrukt der Qualität der Arbeit aufgegriffen worden, um Leitlinien für den Bereich Arbeitsmarkt und Beschäftigung abzuleiten. Befeuert wird der Diskurs durch den Verweis auf eine zunehmende Verbreitung von Beschäftigungsformen, die sich von unbefristeten Vollzeit-arbeitsverhältnissen in einem oder mehreren Merkmalen unterscheiden. Kritisiert wird, dass sich in den vergangenen Dekaden ein zweigeteilter Arbeitsmarkt herausbildet habe, bei dem der eine Teil der Bevölkerung Arbeitsplätze mit guten Verdienstaussichten und großer Beschäftigungssicherheit innehätte, während der andere Teil mit Arbeitsverhältnissen auskommen müsse, die mit niedrigen Verdiensten und hoher Arbeitsplatzunsicherheit einhergingen (Kalleberg et al., 2000; McGovern et al., 2004). Mit Attributen wie „atypisch" oder „prekär" wird dann signalisiert, dass die Schaffung und der Erhalt von Arbeitsplätzen stets oder in wachsendem Maße mit einer Verschlechterung der Qualität der Arbeit verbunden sei.

Die vorliegende IW-Position setzt sich mit Ansätzen auseinander, die für sich in Anspruch nehmen, definieren zu können, was gute, anständige, faire oder qualitativ hochwertige Arbeit ausmacht. Eine solche kritische Würdigung ist erforderlich, weil aus den Bewertungen von Arbeit der potenzielle Handlungsrahmen für Gesetzgeber und Sozialpartner resultiert. Zudem hängen die Effektivität und die Effizienz arbeitsmarktpolitischer Leitlinien maßgeblich davon ab, ob und in welchen Dimensionen ein Zielkonflikt zwischen Quantität und Qualität von Beschäftigung existiert.

In einem ersten Schritt werden in Kapitel 2 mit der Decent Work Agenda der Internationalen Arbeitsorganisation und mit der Europäischen Beschäftigungsstrategie der EU zwei Konzepte vorgestellt, die im internationalen Kontext die Diskussion über die Qualität der Arbeit und deren Entwicklung in den letzten 20 Jahren dominiert haben. In Kapitel 3 werden verschiedene Ansätze erörtert, die als Ausgangspunkt ihrer Bewertungen auf die Angaben rekurrieren, die Beschäftigte in Befragungen gemacht haben. Dazu zählen Analysen auf Basis des European Working Conditions Survey (Abschnitt 3.1) und des International Social Survey Programme (Abschnitt 3.2) auf internationaler Ebene sowie solche im Rahmen der Initiative Neue Qualität der Arbeit (Abschnitt 3.3) und des Gute-Arbeit-Index (Abschnitt 3.4) auf nationaler Ebene.

Die vorliegende IW-Position hinterfragt, ob die existierenden Konzepte in der Lage sind, die Qualität der Arbeit ganzheitlich zu erfassen. In Kapitel 4 wird mit dem Konzept der (allgemeinen) Arbeitszufriedenheit ein alternativer Ansatz zur Messung der Qualität der Arbeit abgeleitet, der auf den Empfindungen und Bewertungen der Beschäftigten beruht. Dazu wird zunächst auf die Bedeutung von Arbeitsplatzmerkmalen hingewiesen, die sich nach dem Zwei-Faktoren-Modell von Herzberg et al. (1959) in Kontextfaktoren (Gehalt, Arbeitsbedingungen etc.) und Kontentfaktoren (Anforderungsvielfalt, Autonomie etc.) unterscheiden lassen (Abschnitt 4.1). Anschließend wird die Bedeutung von personen- und verhaltensbezogenen Merkmalen (Persönlichkeitseigenschaften, Vergleichsprozesse etc.) für die Zufriedenheit mit dem Job erläutert (Abschnitt 4.2). Kapitel 5 fasst die Ergebnisse zusammen.

2 Qualität der Arbeit im Spiegel makroökonomischer und makropolitischer Ansätze

2.1 Decent Work Agenda

Seit dem Jahr 1999 wird die Arbeit der Internationalen Arbeitsorganisation (ILO) von der Decent Work Agenda geprägt. Die ILO will mit dieser Agenda alle Ansprüche von Personen abbilden und zur Geltung bringen, die deren Erwerbsleben betreffen (ILO, 2012a).

Die ILO verfolgt dabei vier strategische Ziele: Weil die Grundvoraussetzung zur Förderung anständiger („decent") oder menschenwürdiger Arbeit die Existenz von Arbeitsverhältnissen ist, zielt sie erstens auf die Schaffung produktiver und frei wählbarer Beschäftigung zu angemessenen Löhnen und unter menschenwürdigen Arbeitsbedingungen. Zweitens soll die Sicherheit am Arbeitsplatz gewährleistet und eine soziale Absicherung für den Fall eingeschränkter Beschäftigungsmöglichkeiten vorhanden sein. Drittens ist der soziale Dialog zwischen und unter den Vertretern von Regierungen, Arbeitgebern und Arbeitnehmern zu fördern; es soll den Menschen möglich sein, sich in Entscheidungsprozesse einzubringen und für solche Belange zu organisieren, die ihr Leben betreffen. Viertens strebt die ILO an, dass die Grundrechte der Beschäftigten am Arbeitsplatz respektiert werden und zur Geltung kommen. Bei allen vier Zielen ist zudem auf Chancengleichheit zwischen den Geschlechtern zu achten.

Die Decent Work Agenda wurzelt in den fundamentalen Grundrechten von Beschäftigten am Arbeitsplatz, welche die ILO im Jahr 1998 in ihrer Deklaration verabschiedet hat und zu deren Einhaltung und Förderung sich alle Mitglieder der ILO verpflichtet haben. Diese Grundsätze sind: die Organisationsfreiheit (inklusive das Recht, Tarifverhandlungen zu führen), der Verzicht auf verpflichtende Arbeit oder Zwangsarbeit, die Abschaffung von Kinderarbeit und die Beseitigung aller Formen von Diskriminierung (ILO, 1998). Ob man in einem Land den vier strategischen Zielen näher kommt oder bereits näher gekommen ist, misst die ILO anhand von statistischen Kennziffern, die zehn Dimensionen zugeordnet sind (Übersicht 1), die der ILO zufolge jedes Individuum unabhängig vom Aufenthaltsort als wichtige Elemente von „Decent Work" auffassen würde (Anker et al., 2002, 7; ILO, 2008, 28 ff.).

Seit einer Revision im Jahr 2008 sind in diesen zehn Dimensionen insgesamt 19 Hauptindikatoren und 28 ergänzende Indikatoren enthalten sowie elf potenzielle Indikatoren, über deren Berücksichtigung noch nicht endgültig entschieden ist. Weitere elf statistische Kennziffern in einer zusätzlichen Kategorie beschreiben den wirtschaftlichen und gesellschaftlichen Kontext in einem Land.

Decent Work Agenda: Dimensionen der Arbeitsqualität

Übersicht 1

Ausreichende Beschäftigungsmöglichkeiten	Nichtbestehen inakzeptabler Arbeit
Angemessenes Einkommen und produktive Arbeit	Anständige Arbeitszeit
Beschäftigungsstabilität und Arbeitsplatzsicherheit	Vereinbarkeit von Familie und Beruf
Chancengleichheit und Nichtdiskriminierung	Sicherheit und Gesundheitsschutz am Arbeitsplatz
Soziale Sicherung	Sozialer Dialog und gute Arbeitsbeziehungen

Quelle: ILO, 2008

Die Auswahl der insgesamt 58 Indikatoren erfolgte mit Blick auf ihre Relevanz für das Thema, ihre Vermittelbarkeit in der Öffentlichkeit, die Verfügbarkeit von Daten und auf ein Mindestmaß an internationaler Vergleichbarkeit (Anker et al., 2002, 66). Dabei war sich die ILO der Begrenztheit des Ansatzes zur Messung der Qualität der Arbeit und der dadurch bedingten Anfälligkeit für Kritik durchaus bewusst (Anker et al., 2002, 8). Mit der Vorstellung des Messkonzepts wollte sie zum einen Diskussionen über eine geeignete Indikatorik anstoßen und zum anderen die ILO-Mitgliedsländer ermuntern, das Indikatorenset an den eigenen Kontext anzupassen. Die ILO hat bis heute darauf verzichtet, einen Index zu konstruieren, der eine Gesamtbewertung der Qualität der Arbeit in einem Land widerspiegeln würde (vgl. zu den Gründen hierfür Anker et al., 2002, 7). Gleichwohl strebt sie eine systematische Beobachtung der Entwicklung der Qualität der Arbeit in den Mitgliedsländern an. Zu diesem Zweck hat sie in einer Pilotphase seit dem Jahr 2009 auf Grundlage des vorhandenen Indikatorensets für einige wenige ausgesuchte Staaten ausführliche Länderprofile und zusammenfassende Factsheets erstellt (ILO, 2012b). Für Deutschland existiert derzeit keine Bewertung.

2.2 Europäische Beschäftigungsstrategie

Im Jahr 1997 wurden die ersten Beschäftigungsleitlinien auf europäischer Ebene bezüglich der Koordinierung zur Stärkung des Binnenmarktes formuliert, aber noch ohne Bezug zum Thema Qualität der Arbeit (Davoine et al., 2008a, 9; EU-Kommission, 2008, 150). Erst mit der Implementierung der Lissabon-Strategie im Jahr 2000 hielt das Thema explizit Einzug in die Europäische Beschäftigungsstrategie, nach der fortan nicht nur mehr, sondern auch bessere Beschäftigungsverhältnisse geschaffen werden sollten (Davoine et al., 2008a, 9; EU-Kommission, 2008, 150; Peña-Casas, 2009, 44). Dies schlug sich dann auch in der Berichterstattung der EU-Kommission nieder; in den Jahren 2001, 2002 und 2003 wurde das Thema Qualität der Arbeit explizit in einem eigenständigen Kapitel berücksichtigt.

Im Bericht für das Jahr 2001 wurden Befunde aus einer Reihe voneinander unabhängiger Erhebungen zusammengeführt, die Mitte der 1990er Jahre stattgefunden hatten (EU-Kommission, 2001, 65 ff.). Es waren dies Befunde aus dem Haushaltspanel der Europäischen Gemeinschaft (ECHP, 1994 bis 1996), des European Working Conditions Survey (EWCS, 1990, 1995 und 2000), der Europäischen Arbeitsunfallstatistik (ESAW), der Eurostat-Datenbank über Gesundheit und Sicherheit (HASTE, 2000) und der harmonisierten gemeinschaftlichen Arbeitskräfteerhebung (LSE, 1995 bis 2000). Trotz des Gesamtbefunds einer relativ großen persönlichen Zufriedenheit der Beschäftigten in Europa mit ihrem Erwerbsstatus oder ihrer Arbeit wurde ein recht großer Anteil von Arbeitsplätzen angemahnt, die nach Auffassung der EU-Kommission anhand von objektiven Kriterien als geringwertig einzustufen sind. Der Bericht unterscheidet vier Kategorien von Arbeitsplätzen:

- „Gute Arbeitsplätze" weisen ein Entgelt auf, das 75 Prozent oder mehr des Medianlohns beträgt, beruhen auf unbefristeten Arbeitsverträgen und binden die Beschäftigten in die betriebliche Weiterbildung ein.
- „Arbeitsplätze annehmbarer Qualität" bieten ebenfalls ein Entgelt, das mindestens 75 Prozent des Medianlohns beträgt. Allerdings muss nur noch eines der beiden anderen Kriterien (unbefristetes Arbeitsverhältnis oder Einbindung in betriebliche Weiterbildung) erfüllt sein.
- „Arbeitsplätze mit geringer Bezahlung" sind durch einen Lohn gekennzeichnet, der die Schwelle von drei Vierteln des Medianlohns unterschreitet; sie sind aber entweder unbefristet oder binden die Beschäftigten in die betriebliche Weiterbildung ein.
- „Perspektivlose Arbeitsplätze" sind befristete, kurzfristige oder informelle Beschäftigungsverhältnisse ohne Aufsichtsfunktion, die zudem keinen Zugang zur betrieblichen Weiterbildung eröffnen. Die Lohnhöhe wird für diese Kategorie als irrelevant erachtet.

In den beiden als geringwertig eingestuften Kategorien „Arbeitsplätze mit geringer Bezahlung" und „perspektivlose Arbeitsplätze" waren im Jahr 2001 europaweit 17 Prozent und 8 Prozent der untersuchten Beschäftigten erfasst. Von diesen insgesamt 25 Prozent waren immerhin 30 Prozent der Beschäftigten in hohem Maße mit ihrer Arbeit zufrieden. In Deutschland war der Anteil „guter Arbeitsplätze" dem Kommissionsbericht zufolge vergleichsweise hoch (mehr als die Hälfte); dies galt aber auch für den Anteil von „Arbeitsplätzen mit geringer Bezahlung" (mehr als ein Fünftel). Ferner wurden für Deutschland überdurchschnittliche Übergangsraten aus geringwertigen in höherwertige Beschäftigungsformen – allerdings auch in Arbeits- oder Erwerbslosigkeit – vermerkt.

An der Einteilung in die vier Arbeitsplatzkategorien hielt die EU-Kommission bei ihrer expliziten Berichterstattung in den beiden Folgejahren fest (EU-Kommission, 2002, 79 ff.; 2003, 125 ff.). In diesem Zusammenhang wurde erstmalig auch auf die vom Europäischen Rat im Jahr 2001 beschlossene sogenannte Laeken-Indikatorik (Übersicht 2) hingewiesen, mit deren Hilfe ein mehrdimensionales Bild der Qualität der Arbeit gezeichnet werden sollte (Davoine et al., 2008a, 27 ff.; EU-Kommission, 2002, 80; 2008, 153; Peña-Casas, 2009, 49 ff.).

Laeken-Indikatorik: Dimensionen der Arbeitsqualität Übersicht 2

Intrinsische Arbeits(platz)qualität	Kompetenzen, lebenslanges Lernen, Karrieremöglichkeiten
Gleichstellung zwischen den Geschlechtern	Gesundheits- und Arbeitsschutz
Flexibilität und Sicherheit	Inklusion und Zugang zu Beschäftigung
Arbeitsorganisation, Vereinbarkeit von Familie und Beruf	Sozialer Dialog und Arbeitnehmerbeteiligung
Diversity und Nichtdiskriminierung	Ökonomische Performance und Arbeitsproduktivität

Quelle: EU-Kommission, 2002

Es wurden allerdings nicht allen zehn Dimensionen der Laeken-Indikatorik einzelne Indikatoren zugeordnet. Zum einen konnte man sich auf politischer Ebene nicht auf Bewertungsmaßstäbe für den Bereich „Sozialer Dialog und Arbeitnehmerbeteiligung" einigen, zum anderen ließen sich für den Bereich „Diversity und Nichtdiskriminierung" zunächst keine geeigneten europaweit vergleichbaren Kriterien identifizieren (Peña-Casas, 2009, 55).

Ferner fehlte der Laeken-Indikatorik anfangs jeglicher Bezug zu Löhnen und zur Arbeitsbelastung. Dies rief erhebliche Kritik hervor (Davoine et al., 2008a, 43; 2008b, 167; Green, 2006, 66 ff.; 111 ff.). Daher wurde im Jahr 2008 von Davoine et al. (2008a; 2008b) eine Revision vorgeschlagen, die dann auch Eingang fand in die Berichterstattung der EU-Kommission (2008, 147 ff.). Die Indikatoren wurden fortan in vier Dimensionen abgebildet (Übersicht 3).

Mittels einer kombinierten Faktoren- und Clusteranalyse auf Basis von insgesamt 46 statistischen Kennziffern, die sich auf die Jahre 2005 und 2006 bezogen, erstellten Davoine et al. (2008a; 2008b) eine Klassifizierung der EU-Länder. Ausgehend von zwei bis drei zusammengefassten Gruppierungsfaktoren arbeiteten die Autoren vier Cluster heraus. Deutschland, das dem sogenannten Kontinentalcluster zugeordnet wurde, zeichnet sich aus durch günstige Indikatorwerte bei der sozioökonomischen Sicherheit und bei den Arbeitsbedingungen; jedoch findet sich eine relativ große Beschäftigungslücke bei älteren Personen. Ferner wurde ein Nordcluster identifiziert (bestehend

Revidierte Laeken-Indikatorik: Dimensionen der Arbeitsqualität Übersicht 3

Sozioökonomische Sicherheit	Bildung, Aus- und Weiterbildung
Arbeitsbedingungen	Geschlechtergerechtigkeit, Vereinbarkeit von Familie und Beruf

Quelle: Davoine et al., 2008a

aus den skandinavischen EU-Mitgliedstaaten, den Niederlanden und dem Vereinigten Königreich), der durch folgende Merkmale gekennzeichnet ist: relativ hohe Löhne und Produktivitäten, verhältnismäßig hoher Grad an sozioökonomischer Sicherheit, gute Arbeitsbedingungen und ein großes Maß an Arbeitszufriedenheit bei gleichzeitig recht hoher Arbeitsintensität. Des Weiteren wurden ein Süd- und ein Ostcluster konstatiert, bei denen Defizite in allen vier Dimensionen der Arbeitsqualität vorhanden waren. Davoine et al. (2008a; 2008b) wiesen jedoch darauf hin, dass ihr Konzept und damit ihre Klassifizierung keine normative Position impliziere.

Abgesehen von dieser Revision der Laeken-Indikatorik ist das Thema Qualität der Arbeit als Gesamtkonzept im Rahmen der Europäischen Beschäftigungsstrategie ab dem Jahr 2003 wieder in den Hintergrund getreten – auch wenn mit der deutschen EU-Präsidentschaft des Jahres 2007 der Begriff der guten Arbeit reüssierte mit Kriterien wie fairen Löhnen, Schutz vor Gesundheitsrisiken, Mitbestimmung, familienfreundlicher Arbeitswelt und einer ausreichenden Anzahl von Arbeitsplätzen (Peña-Casas, 2009, 45; EU-Kommission, 2008, 150 f.). Jedoch hat die EU-Kommission Verbesserungsbedarf bezüglich ihrer weiterhin gültigen Beschäftigungsstrategie erkannt, um dem Ziel der Steigerung der Qualität der Arbeit im Rahmen ihrer seit dem Jahr 2010 verfolgten „Agenda für neue Kompetenzen und Arbeitsplätze" gerecht werden zu können (Eurofound, 2012, 9). Im jüngsten Beschäftigungsbericht der EU-Kommission findet sich auch wieder ein eigenständiges Kapitel zur Qualität der Arbeit; dieses zieht aber als einziges qualifizierendes Kriterium den Medianlohn zur Bewertung heran (EU-Kommission, 2012, 35 ff.).

Der dargestellte Ansatz der Europäischen Beschäftigungsstrategie wurde durch ein Konzept ergänzt, das die Europäische Stiftung für die Verbesserung der Lebens- und Arbeitsbedingungen (Eurofound) im Jahr 2001 im Auftrag der damaligen belgischen EU-Präsidentschaft entwickelte und das vier Dimensionen umfasst (Übersicht 4).

Erstens stellte Eurofound die Bedeutung sicherer Beschäftigung und guter Beschäftigungsperspektiven für die Qualität der Arbeit heraus, denn mit der Dualisierung des Arbeitsmarktes wurde das Risiko gesehen, dass flexible Be-

Eurofound: Dimensionen der Arbeitsqualität Übersicht 4

Arbeitsplatzsicherheit und Beschäftigungsperspektiven	Bildung, Aus- und Weiterbildung
Gesundheit und Wohlbefinden	Vereinbarkeit von Familie und Beruf

Quelle: Eurofound, 2002

schäftigungsformen durch relativ ungünstige Arbeitsbedingungen gekennzeichnet sein könnten (Eurofound, 2002, 9 ff.). Als Kriterien in dieser ersten Dimension wurden auch die Chancengleichheit zwischen den Geschlechtern sowie die Partizipationsmöglichkeiten, die Einkommenslage und die soziale Absicherung der Beschäftigten adressiert. Zweitens sollte erfasst werden, ob Arbeitsverhältnisse einen Beitrag zum Erhalt und zur Verbesserung der Gesundheit und des Wohlbefindens der Beschäftigten leisten können (Eurofound, 2002, 14 ff.). Eurofound wies hier darauf hin, dass wachsender Zeitdruck oder steigende Arbeitsbelastung sowie körperlich beanspruchende und einseitig belastende Tätigkeiten die Arbeitsfähigkeit gefährden könnten. Drittens wurde es als entscheidend für die Bewertung der Qualität der Arbeit angesehen, in welchem Maße die Arbeitsorganisation den Beschäftigten die Nutzung und Entwicklung von Kompetenzen ermöglicht (Eurofound, 2002, 23 f.). Viertens wurde die Bedeutung des Arbeitszeitmanagements für die Vereinbarkeit von Familie und Beruf – und damit für die Anreize von Individuen, erwerbstätig zu bleiben oder eine Beschäftigung aufzunehmen – hervorgehoben (Eurofound, 2002, 20 ff.).

Zur Abbildung des Status quo und von Entwicklungen in den vier Themenbereichen wurde auf Indikatoren zurückgegriffen, die sich vorwiegend den amtlichen Statistiken entnehmen ließen (Eurofound, 2002; 2005). Mit ihren Berichten wollte Eurofound die Aufmerksamkeit in den EU-Mitgliedstaaten auf Aspekte der Qualität der Arbeit und auf existierende Maßnahmen zu deren Verbesserung lenken.

2.3 Kritische Bewertung der Ansätze

Die Decent Work Agenda und die Ansätze im Rahmen der Europäischen Beschäftigungsstrategie lassen sich als Konstrukte verstehen, mit denen der Zustand und die Entwicklung der Arbeitswelt beschrieben werden sollen. Zudem sollen Ansatzpunkte für entwicklungs-, wirtschafts- oder arbeitsmarktpolitische Eingriffe abgeleitet oder auch explizite Handlungsempfehlungen gegeben werden. Diese beiden politisch motivierten Konzepte sind durch fünf Merkmale gekennzeichnet: Erstens eint sie der internationale Kontext. Zweitens definieren sie die Qualität der Arbeit und deren einzelne Dimensionen auf Basis eines exogenen Bewertungsmaßstabs. Drittens verwenden sie Kennziffern, die aus unterschiedlichen statistischen Datenquellen zusammengetragen werden. Viertens beziehen sich viele der für die Bewertung hinzugezogenen Indikatoren auf exogene Merkmale eines Arbeitsverhältnisses. Fünftens integrieren die Konzepte teilweise Indikatoren, welche die Existenz und Ausgestaltung von Institutionen des Wohlfahrtsstaates und des Arbeitsmarktes berücksichtigen.

Die beiden Ansätze öffnen so die Perspektive auf die Vielzahl der Aspekte, welche die Arbeitswelt charakterisieren und einen Einfluss auf deren Entwicklung nehmen können. Sie erlauben ferner den Blick über den eigenen nationalstaatlichen Tellerrand hinaus. Allerdings sind sie auch mit einer Reihe von Problemen verbunden, die ihre Eignung infrage stellen, die Qualität von Arbeit oder von Arbeitsverhältnissen zu bestimmen.

Zunächst ist zu fragen, worauf sich der exogene Bewertungsmaßstab stützt. Keines der beiden Konzepte leitet die Dimensionen der Arbeitsqualität und den ihnen jeweils zugrunde liegenden Kriterienkatalog konsistent ab, zum Beispiel aus einer Erwartungshaltung oder Präferenzstruktur der Beschäftigten oder aus einer wirtschaftlichen Zielgröße wie der Wachstumsrate der Arbeitsproduktivität. Eine solche Ableitung bildet jedoch die Voraussetzung dafür, dass sich die Aussagen, die auf Basis der Konzepte getroffen werden, sinnvoll einordnen lassen. Nun kann man eine exogene Definition ohne Ableitung im Fall der Decent Work Agenda noch als angemessen erachten, weil für die ILO die Frage im Vordergrund steht, ob in einem Land fundamentale Grundrechte der Beschäftigten institutionell geschützt sind oder nicht. Allerdings ist damit auch offensichtlich, dass der ILO-Ansatz in dieser engen Auslegung kaum für eine Diskussion darüber geeignet ist, wie zum Beispiel die Qualität der Arbeit in Deutschland konkret einzuschätzen ist.

Ohne eine konsistente Ableitung des exogenen Bewertungsmaßstabs bleibt die Auswahl von Kriterien und Indikatoren zwangsläufig beliebig. Dies mag auch erklären, dass sich die Auswahl vieler Kennziffern, auf welche ILO, EU-Kommission und Eurofound zurückgreifen, mehr an Praktikabilitätserwägungen orientiert und weniger an der Anforderung, einen unmittelbaren Bezug zur Qualität eines Arbeitsverhältnisses herzustellen. Der Umstand, dass die Mehrzahl der Kennziffern eher ausgewählte Aspekte nationaler Arbeitsmärkte oder Wohlfahrtsregimes beschreiben, kann ebenfalls hierauf zurückgeführt werden.

Die Einbindung in den allgemeinen arbeitsmarkt-, wirtschafts- und sozialpolitischen Kontext ist zwar gerade bei internationalen Vergleichen grundsätzlich sinnvoll. Jedoch unterschätzen die dargestellten politisch motivierten Konzepte potenzielle Zielkonflikte und Inkonsistenzen zwischen den verschiedenen gewählten Qualitätsdimensionen auf der makroökonomischen Ebene. In welchem Umfang Zielkonflikte und Inkonsistenzen auftreten, hängt maßgeblich von den institutionellen Rahmenbedingungen ab, und zwar nicht nur denen des Arbeitsmarktes, sondern auch denen in anderen staatlichen Handlungsfeldern von der Bildungs- über die Sozial- bis hin zur Steuerpolitik. Vergleichende Aussagen müssen daher einerseits die unterschiedlichen Effekte historisch gewachsener Institutionen auf die Arbeitswelt und andererseits die allgemeinen ökonomischen Wirkungsmechanismen im Auge behalten. Eine solche differenzierende Betrachtung findet sich aber gerade nicht in den Vergleichsberichten von ILO, EU-Kommission und Eurofound. Zwei Beispiele illustrieren die Problematik, die sich hieraus ergibt:

• Die Sicherheit des Einkommensbezugs hängt auf der individuellen Ebene unter anderem ab von der Beziehung zwischen dem Lohn und der Wertschöpfung eines Beschäftigten und deren Entwicklung im Zeitablauf. Ein großer Niedriglohnsektor, der im Sinne des Ansatzes der EU-Kommission zwangsläufig mit dem Fehlen „guter Arbeitsplätze" einhergeht, signalisiert, dass viele Erwerbspersonen kein hinreichend hohes Wertschöpfungspotenzial aufweisen, um über die 75-Prozent-Lohnschwelle zu gelangen. Jedoch eröffnet der Niedriglohnsektor diesem Personenkreis den Zugang zu Beschäftigung und damit auf längere Sicht auch die Aussicht auf eine Verbesserung der Erwerbs- und Einkommensperspektiven (Schäfer/Schmidt, 2012). Ein exogener Ansatz zur Bewertung der Qualität der Arbeit sollte sich daher nicht darauf beschränken, lediglich die potenziellen Interessen von Arbeitsplatzbesitzern abzubilden, etwa das Interesse an hohen Löhnen. Ein großer Anteil hochbezahlter und unbefristeter Arbeitsplätze nützt einer Gesellschaft wenig, wenn ein nennenswerter Teil der Erwerbsbevölkerung keinen Zugang zu Beschäftigung findet. Dies gilt selbst für den Fall, dass bei bestimmten Arbeitsplatzformen eine Kumulation von Merkmalen beobachtet wird, die etwa aus Sicht der Europäischen Beschäftigungsstrategie oder von Eurofound als ungünstig eingeschätzt werden (niedrige Löhne, Befristung, geringe Einbindung in Weiterbildung). Denn die Beschäftigten müssen stets bestimmte Voraussetzungen und Charakteristika aufweisen, um Arbeitsplätze besetzen zu können, die sich durch günstigere Merkmale auszeichnen.

• Ferner vernachlässigen ILO, EU-Kommission und Eurofound, dass die ausgewählten Kennziffern lediglich das Ergebnis von Arbeitsmarktprozessen beschreiben. Die Kennziffern illustrieren daher nur die Auswirkungen einer Vielzahl individueller Handlungen von Personen und Unternehmen im Vorfeld und während einer Arbeitsbeziehung sowie im Anschluss daran – und damit sehr unterschiedliche Motivlagen. So ist beispielsweise die Chancengleichheit zwischen den Geschlechtern zwar ein legitimes Ziel einer Arbeitsmarktordnung, da die Qualität von Arbeitsverhältnissen unabhängig vom Geschlecht der Beschäftigten sein sollte. Die in den dargestellten Konzepten verwendeten statistischen Indikatoren (Entgeltunterschiede, unterschiedliche

Beteiligungsquoten in Berufen oder Bildungsprozessen), mit denen unter anderem der Ist-Zustand beschrieben werden soll, sind jedoch nicht geeignet, Diskriminierungstatbestände oder ungleich verteilte Chancen abzubilden, weil sie vorwiegend unterschiedliche Erwerbsmuster von Frauen und Männern und eine geschlechtsspezifische Berufswahl widerspiegeln (Schäfer et al., 2013). Es ist daher grundsätzlich problematisch, dass Arbeit auf Basis eines exogenen Bewertungsmaßstabs mit Attributen wie „anständig", „menschenwürdig" oder „gut/annehmbar/perspektivlos" unterlegt wird. Denn so wird suggeriert, dass es sowohl aus volkswirtschaftlicher als auch aus individueller Perspektive erstrebenswert ist, lediglich einen einzigen definierten Arbeitsplatztypus oder ganz bestimmte Formen von Arbeitsplätzen zu schaffen und aufrechtzuerhalten. Dies kann die öffentliche Diskussion über die Qualität der Arbeit in die Irre führen. Manche Arbeitsverhältnisse werden dann aufgrund eines einzigen äußeren Kriteriums oder auf Basis weniger exogen differenzierender Merkmale als qualitativ minderwertig ausgeschlossen, obwohl ungeklärt ist, ob diese Merkmale einen Schluss auf die Qualität eines Arbeitsplatzes und auf die Einschätzung der Beschäftigten zulassen. Das betrifft dann nicht nur die Einteilung der Arbeitsplätze in verschiedene Kategorien, wie sie etwa im Rahmen der Europäischen Beschäftigungsstrategie vorgenommen worden ist, sondern nicht zuletzt auch die Debatte, die hierzulande um den Gegensatz von „normalen" Arbeitsverhältnissen (Kriterien: unbefristet, Vollzeit, Normallohn) zur „prekären" Beschäftigung (Kriterien: befristet, Teilzeit, Niedriglohn) geführt wird (Bastien et al., 2013; Schäfer, 2010).

Solange ein Beschäftigungsverhältnis im Einklang mit den institutionellen Rahmenregelungen auf dem nationalen Arbeitsmarkt steht und die fundamentalen Grundrechte von Beschäftigten nicht verletzt, ist es neutral zu bewerten. Denn die Akteure auf dem Arbeitsmarkt bewegen sich in einer Welt beidseitiger Willenserklärungen. Ein zustande gekommener Arbeitsvertrag zwischen Arbeitgeber und Beschäftigtem signalisiert, dass ein Beschäftigungsverhältnis in der vereinbarten Form aus Sicht beider Seiten vor dem Hintergrund der bestehenden Möglichkeiten als beste zur Verfügung stehende Alternative angesehen wird. Beide haben sich in diesem Aushandlungsprozess auseinanderzusetzen mit den Ansprüchen der jeweiligen Gegenseite an die Eigenschaften des Arbeitsverhältnisses. In welchem Umfang es bei welchem Aspekt schließlich gelingt, die eigenen Ansprüche in den Vertragsverhandlungen oder im späteren Verlauf des Arbeitsverhältnisses durchzusetzen, hängt von einer Vielzahl von Faktoren auf der individuellen und der Kontextebene ab.

Die existierenden Konzepte, die einen exogenen Maßstab zur Bewertung der Qualität der Arbeit heranziehen, können daher nicht überzeugen. ILO, EU-Kommission und Eurofound kommt aber das Verdienst zu, dass sie qualitativen Aspekten den Weg in die beschäftigungspolitische Diskussion geebnet haben. Dies kann Ansätzen einen Orientierungsrahmen bieten, die eine konsistente Ableitung von Kriterien der Arbeitsqualität erlauben. Das lenkt die Aufmerksamkeit auf Konzepte, die sich repräsentative Beschäftigtenbefragungen zunutze machen und zugleich die vielfältigen Aspekte der Arbeitswelt abbilden.

3 Beurteilung der Qualität der Arbeit auf Basis von Beschäftigtenbefragungen

3.1 European Working Conditions Survey

Der European Working Conditions Survey (EWCS) ist eine europaweit durchgeführte repräsentative Personenbefragung, die seit dem Jahr 1990 in Fünfjahresabständen erfolgt. Es soll einen harmonisierten Blick auf die Arbeitsbedingungen von Arbeitnehmern und Selbstständigen ermöglichen, die Beziehungen zwischen Dimensionen und Aspekten der Arbeitsbedingungen aufdecken, Risikogruppen und -bereiche identifizieren und eine Informationsgrundlage für politische Initiativen auf europäischer Ebene liefern (Eurofound, 2013a). Auf diese Weise konnte Eurofound im ersten Rahmenkonzept zur Bewertung der Qualität der Arbeit Indikatoren berücksichtigen, welche die Arbeitsbedingungen aus Sicht der befragten Beschäftigten beschreiben.

Der EWCS erlaubt das regelmäßige Monitoring der Arbeitsbedingungen auf Basis homogener Indikatoren (Eurofound, 2007; 2009). Zur Illustration der Befunde wurde in einer ersten Längsschnittbetrachtung eine Ex-ante-Klassifikation der berücksichtigten Länder vorgenommen (Eurofound, 2009, 11 ff.). Dabei wurde unterschieden zwischen einem skandinavischen, einem kontinentaleuropäischen (inklusive Deutschland) und einem angelsächsischen Cluster, die ergänzt wurden um einen südeuropäischen Cluster sowie um zwei weitere Cluster aus den osteuropäischen Beitrittsstaaten sowie aus den beiden Mittelmeerstaaten Malta und Zypern.

Für die Trendbetrachtung lag der Fokus auf Zweierlei: Zum einen fungierte der Grad der Arbeitszufriedenheit als Kriterium für die Qualität der

Arbeit, da dieser in allen Wellen in vergleichbarer Weise erhoben worden war. Die Auswertung ergab, dass sich im Zeitraum 1995 bis 2005 der durchschnittliche Anteil von Beschäftigten, die mit ihren Arbeitsbedingungen zufrieden oder sehr zufrieden waren, in den Clustern unterschiedlich entwickelt hat: Im skandinavischen Cluster und im südeuropäischen Cluster ist der Anteil gesunken (von 92 auf 87,1 Prozent beziehungsweise von 79,3 auf 76,2 Prozent), im angelsächsischen Cluster gestiegen (von 87,1 auf 91,5 Prozent) und im kontinentaleuropäischen Cluster ist er mit 86,2 Prozent (1995: 86,3 Prozent) konstant geblieben (Eurofound, 2009, 16). Auch in Bezug auf Deutschland für sich betrachtet wurde keine Veränderung des relativ hohen Anteils jener, die mit ihrer Arbeit zufrieden oder sehr zufrieden waren (rund 88 Prozent), konstatiert (Eurofound, 2009, 65).

Zum anderen wurde die Entwicklung der Qualität der Arbeit anhand von Fragen zu verschiedenen Einzelaspekten skizziert, die den vier oben genannten Themenbereichen (vgl. Übersicht 4, Abschnitt 2.2) zugeordnet wurden. Auf die Bildung eines Gesamtindex oder einer zusammenfassenden Bewertung der Einzelaspekte der vier Themenbereiche für die Cluster oder die einzelnen Länder wurde verzichtet; gleichwohl konstatiert der Bericht von Eurofound, dass die Qualität der Arbeit in Deutschland im Vergleich zu den anderen Ländern des Kontinentalclusters abfalle (Eurofound, 2009, 43). Es bleibt dabei aber unklar, worauf sich diese Einschätzung letztlich stützt.

EWCS: modifizierte Dimensionen der Arbeitsqualität

Übersicht 5

Einkommen	Intrinsische Arbeitsqualität
Arbeitszeitqualität	Zukunftsaussichten

Quelle: Eurofound, 2012

Mit der fünften, inhaltlich erweiterten Welle des EWCS für das Jahr 2010, bei der in den 27 EU-Mitgliedsländern und in sieben weiteren europäischen Staaten insgesamt 44.000 Arbeitnehmer interviewt wurden, hat Eurofound das Rahmenkonzept umfassend modifiziert (Eurofound, 2012). Es werden zwar weiterhin vier Dimensionen als relevante Kriterien zur Beschreibung der Qualität der Arbeit definiert (Übersicht 5), diese unterscheiden sich jedoch von ihren Vorgängern.

Die Dimension der intrinsischen Arbeitsqualität gliedert sich in die vier gleichgewichteten Subdimensionen Kompetenznutzung und -entwicklung, soziales Arbeitsumfeld, technisches und physisches Arbeitsumfeld sowie Arbeitsbelastung. Die Dimension Arbeitszeitqualität wird unterteilt in die vier Subbereiche Umfang der wöchentlichen Arbeitszeit, Inzidenz von Abend-, Nacht-, Samstags- und Sonntagsarbeit, Arbeitszeitautonomie sowie kurzfristige Arbeitszeitflexibilität. Im Unterschied zu früheren Untersuchungen von Eurofound basiert die Einschätzung der Arbeitsqualität neuerdings auch auf der Bildung von Indizes für die vier Dimensionen, denen wiederum eine Aggregation der standardisierten und gewichteten Einzelindikatoren und der jeweiligen Subdimensionen zugrunde liegt.

Deutschland erreicht auf der Basis dieses modifizierten Konzepts unter 34 untersuchten europäischen Ländern Platz 21 in der Dimension Arbeitszeitqualität, Platz 27 bei der intrinsischen Arbeitsqualität, Platz 12 im Bereich Einkommen und Platz 8 bei den Zukunftsaussichten (Beschäftigungs- und Karriereperspektiven). Darüber hinaus werden – analog zum Ansatz bei der Europäischen Beschäftigungsstrategie – über eine weitere Clusteranalyse vier Arbeitsplatzkategorien identifiziert:

• Knapp 18 Prozent der Beschäftigten im deutschen Sample arbeiten auf „hochbezahlten guten Arbeitsplätzen"; im europäischen Gesamtsample sind es 13,6 Prozent. Diese Arbeitsplätze zeichnen sich durch das durchschnittlich höchste (Netto-)Einkommen, den durchschnittlich zweithöchsten Indexwert im Bereich Arbeitszeitqualität und die höchsten Indexwerte in den beiden Dimensionen intrinsische Arbeitsqualität sowie Beschäftigungs- und Karriereperspektiven aus.

• Gut drei von zehn Beschäftigten in Deutschland arbeiten auf „ausbalancierten guten Arbeitsplätzen" (37,2 Prozent im Gesamtsample). „Ausbalanciert gut" bedeutet, dass die Arbeitszeitqualität die höchste der vier Kategorien ist, die intrinsische Arbeitsqualität sich auf gleichem Niveau bewegt wie bei den hochbezahlten guten Arbeitsplätzen, die Beschäftigungs- und Karriereperspektiven vergleichsweise günstig sind, das Einkommensniveau jedoch recht deutlich hinter dem Durchschnittswert zurückbleibt.

• Gut 37 Prozent der hiesigen Arbeitsplätze werden von Eurofound als „schlecht ausgewogen" bezeichnet. Europaweit sind es weniger als 29 Prozent. „Schlecht ausgewogen" heißt, dass trotz durchschnittlich hoher Einkommen und überdurchschnittlicher Beschäftigungs- und Karriereperspektiven die Arbeitszeitqualität und die intrinsische Arbeitsqualität klar unterhalb des Durchschnittsniveaus liegen.

• Rund 14 Prozent der deutschen Arbeitsplätze werden als „Arbeitsplätze geringer Qualität" eingestuft, die in allen vier Dimensionen ungünstig abschneiden. Europaweit sind es fast 20 Prozent.

Der EWCS bietet zwar eine Fülle unterschiedlicher Informationen, mit denen die Arbeitsbedingungen beschrieben werden. Allerdings rufen die ausgewählten Indikatoren in den vier Dimensionen, die Methodik der Indexbildung und die Gruppierungskriterien Zweifel darüber hervor, ob das modifizierte Konzept von Eurofound für die Bewertung der Qualität der Arbeit zweckmäßig ist. Folgende sechs Punkte können hier kritisch angemerkt werden:

• So wird als Verdienstindikator in der Dimension Einkommen das monatliche Nettoerwerbseinkommen verwendet, obwohl mit den im EWCS ebenfalls abgefragten Angaben zur Arbeitszeit auch eine Analyse von Stundenlöhnen möglich gewesen wäre. Die internationale Vergleichbarkeit der nationalen Werte wird zwar mithilfe von Kaufkraftparitäten sichergestellt, jedoch enthält der Indikator keine impliziten Entgeltbestandteile wie zum Beispiel Arbeitgeberbeiträge zu betrieblichen oder berufsständischen Systemen der Altersvorsorge. Weil die Entlohnung der Arbeitsleistung über das Bruttoeinkommen zuzüglich der Arbeitgeberbeiträge zur Sozialversicherung erfolgt, eignet sich das Nettoeinkommen daher nur bedingt als Indikator der Qualität der Arbeit. Ein niedriges Nettoeinkommen deutet nicht zwangsläufig auf eine unzureichend entlohnte Beschäftigung hin, sondern könnte auch die Folge hoher Sozialversicherungsbeiträge oder Einkommensteuern sein. Die unterschiedliche Ausgestaltung von Sozialversicherungs- und Steuersystemen in Europa erschwert hier den internationalen Einkommensvergleich. So wird in manchen Ländern das Nettoeinkommen durch beitragsfinanzierte soziale Leistungen ergänzt, während in anderen diese Absicherung aus dem Nettoeinkommen zu leisten ist.

• Die Verwendung eines Monatseinkommens als Indikator ist auch vor dem Hintergrund der Indexbildung in der Dimension Arbeitszeit unzweckmäßig. Diese erfolgt unter Berechnung normierter Werte zwischen 0 und 100 Punkten (0, 25, 50, 75 und 100 Punkte) für die vier Subbereiche Umfang der wöchentlichen Arbeitszeit, Inzidenz von Abend-, Nacht-, Samstags- und Sonntagsarbeit, Arbeitszeitautonomie sowie kurzfristige Arbeitszeitflexibilität. Dabei wird unter anderem die Norm gesetzt, dass mit Blick auf den Umfang der Arbeitszeit eine geringere Stundenzahl einen höheren Indexwert nach sich zieht. Ein Indexwert von 100 Punkten wird nur dann erreicht, wenn die wöchentliche Arbeitszeit weniger als 20 Stunden beträgt. Aufgrund dieser normativen Setzung ist es unmöglich, dass ein hohes monatliches Einkommen mit einer hohen Arbeitszeitqualität einhergeht.

• Zudem schließt die Form der Normierung in den anderen Bereichen der Dimension Arbeitszeitqualität aus, dass Arbeitsplätze mit bestimmten Merkmalen die maximale Punktzahl erhalten können. So bewertet der zweite Subindex gleichgewichtet die Inzidenz von Abend-, Nacht-, Samstags- und

Sonntagsarbeit. Die volle Punktzahl wird hier nur dann erzielt, wenn keines der genannten Arbeitszeitmodelle zur Anwendung kommt. Der dritte Subindex berücksichtigt den Grad der Autonomie des Arbeitnehmers über seine Arbeitszeit. Der Maximalwert wird nur vergeben, wenn Arbeitnehmer vollkommen eigenständig über ihre Arbeitszeit entscheiden. Bereits eine Gleitzeitregelung mit Kernzeit führt zu einer Abwertung auf 75 von 100 möglichen Punkten. Der vierte Subindex bewertet die kurzfristige Arbeitszeitflexibilität anhand der Frage, inwieweit es dem Arbeitnehmer möglich ist, den Arbeitsplatz für ein oder zwei Stunden zu verlassen, um persönliche oder familiäre Dinge zu erledigen. Tätigkeiten, die naturgemäß eine dauernde Anwesenheit erfordern (beispielsweise die des Verkäufers oder Fluglotsen), müssen somit ebenfalls mit Punkteinbußen bei der Arbeitszeitqualität rechnen.

• Durch die Gleichgewichtung der insgesamt vier Subindizes im Bereich Arbeitszeitqualität erhalten deren einzelne Bestandteile einen unterschiedlich großen Einfluss. Beispiel: Wenn etwa ein Arbeitnehmer viermal im Monat sonntags arbeitet, verringert sich der Indexwert bei der Arbeitszeitqualität auf 94 von 100 Punkten, vorausgesetzt in allen anderen Items wird die Arbeitszeitqualität mit 100 Punkten bewertet. Wird die Frage, wie schwer es ist, den Arbeitsplatz für ein oder zwei Stunden zu verlassen, mit „nicht sehr schwierig" statt mit „überhaupt nicht schwierig" beantwortet, sinkt der Indexwert für die Arbeitszeitqualität ebenfalls auf 94 Punkte. Dies wirft die Frage auf, ob die kurzfristige Arbeitszeitflexibilität für den Beschäftigten tatsächlich das gleiche Gewicht aufweist wie eine regelmäßige Sonntagsarbeit. Mit der Aggregation der Subindizes wird also eine Abwägung verschiedener Arbeitszeitmodelle vorgenommen, ohne diese Gewichtung konsistent aus der Bedürfnislage der Beschäftigten abzuleiten.

• Diese grundsätzliche Problematik existiert auch bei der Indexbildung in der Dimension der intrinsischen Arbeitsqualität. Sie ist die komplexeste Dimension und setzt sich wiederum aus vier Subindizes zusammen, denen jeweils eine unterschiedliche Anzahl von Kennziffern zugeordnet wird. Die Ausgangswerte der Indikatoren werden ebenfalls auf einer von 0 bis 100 normierten Skala standardisiert.

Der erste Teilbereich (Kompetenzen und Entscheidungsfähigkeit) versucht, anhand von insgesamt sieben Fragen die Komplexität der ausgeübten Tätigkeit abzubilden. Es werden unter anderem folgende Kriterien verwendet: die Aufgabenkomplexität, die Beteiligung an Weiterbildungsmaßnahmen, die Nutzung von Computern, die Qualifikationsanforderung sowie die Einordnung der Tätigkeit in eine normativ abgeleitete Rangliste der Berufe. Der zweite Teilbereich (soziales Umfeld) besteht zur einen Hälfte aus einer Reihe von Items, die das Verhältnis zu Vorgesetzten und Kollegen sowie die Unterstützung durch Vorgesetzte charakterisieren, und zur anderen Hälfte aus der Frage, ob bei der Arbeit in den letzten zwölf Monaten körperliche Gewalt oder eine psychische Belästigung aufgetreten sind. Im dritten Teilbereich (Qualität des physischen Umfelds) wird beschrieben, wie häufig Arbeitnehmer am Arbeitsplatz Rauch, hohen oder niedrigen Temperaturen, Vibrationen, Lärm oder Ähnlichem ausgesetzt sind; außerdem wird hier erfasst, ob sich Bewegungen bei der Arbeitsverrichtung wiederholen, die Beschäftigten längere Zeit stehen oder Lasten tragen müssen. Im vierten Teilbereich (Arbeitsintensität) wird abgefragt, ob Arbeitnehmer mit hoher Geschwindigkeit arbeiten müssen, genügend Zeit für ihre Aufgaben haben oder die Arbeit Konflikte mit eigenen persönlichen Werten hervorruft.

Alle Items innerhalb der vier Teilbereiche sind in der Regel gleichgewichtet, sodass zum Beispiel im Bereich Kompetenzen und Entscheidungsfähigkeit die Teilnahme an einer Weiterbildung den gleichen Einfluss auf den Index ausübt wie die Möglichkeit, bei der Arbeit eigene Ideen einzubringen. Das hohe Gewicht des Einzelfaktors der psychischen Belästigung gegenüber anderen Items im Teilbereich des sozialen Umfelds begründet Eurofound mit der Überlegung, dass ein solcher Vorfall sehr stark auf das Verhältnis von Anforderungen und Eigenschaften der Arbeit wirke. Es handelt sich dabei aber um eine exogene Setzung, die nicht aus dem EWCS selbst konsistent abgeleitet wird. Negativ schlägt es sich zudem auf die Bewertung nieder, wenn die Arbeitsgeschwindigkeit von der Arbeit der Kollegen oder von festgelegten Leistungszielen beeinflusst wird – ganz unabhängig davon, ob dies vom Arbeitnehmer als Belastung oder als Bereicherung empfunden wird. Besonders problematisch ist: Durch die Gleichgewichtung der Teilindizes im Zuge der Aggregation zu einem Gesamtindex für die intrinsische Arbeitsqualität allein aufgrund der Anzahl der zur Verfügung stehenden Informationen aus der Befragung wird ein Item aus dem Teilbereich Arbeitsintensität höher bewertet als ein Item aus dem Teilbereich Kompetenzen und Entscheidungsfähigkeit.

• In der Dimension der Zukunftsaussichten werden die subjektiven Einschätzungen zur Wahrscheinlichkeit eines Arbeitsplatzverlusts und zu den Entwicklungsmöglichkeiten im Beruf auf einer Fünf-Stufen-Skala und die Art des Arbeitsvertrags in einer Drei-Stufen-Skala zusammengeführt zu einer Gesamtbewertung. Damit wird implizit ebenfalls per definitionem ausgeschlossen, dass ein befristetes Arbeitsverhältnis gute Zukunftsperspektiven bieten kann. Dies gilt gleichermaßen sowohl für Arbeitsverhältnisse, die zunächst befristet werden, weil der Ausbildungsgedanke (etwa bei Berufs-ausbildungen oder Traineeprogrammen) und die Überprüfung der Matching-Qualität im Vordergrund stehen, als auch für Arbeitsverhältnisse, bei denen aufgrund einer unsicheren Auftragslage fürs Erste nur eine mittelfristige Perspektive von zwei oder vier Jahren geboten werden kann. Bei guten Arbeits-plätzen setzt Eurofound folglich voraus, dass der Arbeitgeber sämtliche Anpassungslasten aus einem unsicheren Umfeld und aus Informationsasym-metrien zwischen Arbeitgeber und Arbeitnehmer zu tragen hat.

Aus den beispielhaft aufgeführten sechs Kritikpunkten am EWCS folgt: Auch beim modifizierten Konzept von Eurofound handelt es sich letztlich um einen exogenen Bewertungsansatz, der auf eine konsistente Ableitung verzichtet, obwohl der EWCS Aussagen über die Präferenzen und Wünsche der Beschäftigten aus einer Verbindung mit der Arbeitszufriedenheit und dem Wohlergehen am Arbeitsplatz zugelassen hätte. Zwar wird für das Ge-samtsample der statistische Zusammenhang berechnet, der zwischen den vier Indizes und den verschiedenen Indikatoren für die Zufriedenheit und das Wohlergehen am Arbeitsplatz besteht. Jedoch werden weder die unterschied-lichen wirtschaftlichen Entwicklungsstände der betrachteten europäischen Staaten noch potenzielle Präferenzunterschiede zwischen den Beschäftigten innerhalb eines Landes oder zwischen den Ländern berücksichtigt. Aus einem Vergleich Deutschlands mit drei anderen europäischen Staaten (Tabelle 1) wird ersichtlich, dass die vermeintlich objektive Indikatorik nur bedingt die

Indikatoren der Arbeitsqualität   Tabelle 1
aus dem EWCS 2010 für ausgewählte Länder

	Deutschland	Frankreich	Italien	Vereinigtes Königreich
Zufriedenheit mit den Arbeitsbedingungen, in Prozent				
Sehr zufrieden	28,5	21,3	19,3	39,3
Zufrieden	59,8	58,0	60,3	53,3
Nicht sehr zufrieden	9,5	17,0	17,1	5,9
Überhaupt nicht zufrieden	2,1	3,6	3,2	1,5
Indizes der Qualität der Arbeit				
Verdienst, in Euro	1.431	1.438	1.257	1.591
Arbeitszeitqualität[1]	56,0	59,9	61,3	61,3
Intrinsische Qualität der Arbeit[1]	66,7	64,8	67,5	69,4
Zukunftsaussichten[1]	68,4	68,6	64,0	70,9

[1] Auf einer Skala von 0 (niedrigste Qualität) bis 100 (höchste Qualität); Rundungsdifferenzen.
Quellen: Eurofound, 2012; 2013a

individuell empfundene Situation widerspiegelt. So ist in Deutschland die subjektive Arbeitszufriedenheit höher als in Frankreich oder Italien, während sich die Indizes der Arbeitsqualität nur wenig unterscheiden. Die detaillierte Betrachtung der Indizes macht deutlich, dass eine objektive Messung der Qualität der Arbeit eine Illusion bleibt. Schon die Auswahl der Items beinhaltet Subjektivität und auch die Gewichtung der Bestandteile ist dem Wesen nach subjektiv – allerdings nicht subjektiv aus Sicht des Befragten, sondern aus Sicht des Forschers.

3.2 International Social Survey Programme

Das International Social Survey Programme (ISSP) ist ein internationales Projekt, in dessen Rahmen jährlich in über 30 am Projekt teilnehmenden Staaten vereinheitlichte Befragungen von jeweils rund 1.000 bis 1.400 Personen zu sozialen, politischen und ökonomischen Themenkomplexen durchgeführt werden (Uher, 2000). Der inhaltliche Schwerpunkt variiert in den einzelnen Befragungswellen und wird durch einige wenige demografische Informationen ergänzt, die gleichlautend in jedem Jahr erfragt werden. Zuletzt wurde im Jahr 2005 beim Schwerpunkt „Work Orientation" nach Arbeitsbedingungen und Arbeitszufriedenheit gefragt; in Deutschland fiel die Feldphase in das Jahr 2006. Die inhaltlichen Schwerpunkte werden nach einigen Jahren erneut erhoben, sodass neben dem internationalen Vergleich auch ein eingeschränkter Zeitvergleich möglich ist.

Der Fragenkatalog zum Schwerpunkt „Work Orientation" beinhaltet verschiedene Fragen zu einzelnen Arbeitsbedingungen, aber auch eine allgemeine Einschätzung der eigenen Arbeitszufriedenheit. Diese wird allerdings im deutschen Fragebogen auf den Beruf bezogen („Wie zufrieden sind Sie im Allgemeinen in Ihrem Beruf?"), sodass der Befragte gegebenenfalls auf seinen Beruf im Sinne seiner beruflichen Qualifikation, nicht aber auf seine aktuell ausgeübte Tätigkeit rekurriert. In der britischen Version des Fragebogens taucht dieses Problem dagegen nicht auf, denn dort wird dezidiert nach dem „Main Job" gefragt.

Im Unterschied zum EWCS entwickeln die Datenproduzenten des ISSP aus den Befragungsergebnissen keine Indizes, sondern stellen lediglich die Daten zur Verfügung und überlassen es der Wissenschaft, diese auszuwerten. Einige Forscher haben von der Möglichkeit Gebrauch gemacht, auf Basis des ISSP zu untersuchen, wie die Qualität der Arbeit einzuschätzen ist.

Clark (1998) zum Beispiel generiert aus den Befragungsergebnissen einen Index der Qualität der Arbeit. Er setzt an der Relevanz von bestimmten

Eigenschaften eines Arbeitsverhältnisses an, die sich aus den Angaben der Befragten sowie aus der Literatur ergibt, und konstruiert sieben binär kodierte Subindizes (Übersicht 6).

Subindizes einer hohen Arbeitsqualität   Übersicht 6

Verdienst = 1	Dem Statement „Mein Einkommen ist hoch" wird zugestimmt.
Arbeitszeit = 1	Dem Statement „Ich würde gern weniger Zeit mit einer bezahlten Arbeit verbringen" werden nicht die Antworten „ein bisschen weniger" oder „viel weniger" zugeordnet.
Laufbahnperspektiven = 1	Dem Statement „Meine Aufstiegschancen sind hoch" wird zugestimmt.
Arbeitsplatzsicherheit = 1	Dem Statement „Mein Arbeitsplatz ist sicher" wird zugestimmt (Antwort: „trifft zu" oder „trifft voll und ganz zu").
Schwierigkeit der Arbeit = 1	Dieser Subindex wird aus den Antworten zu sechs Fragen generiert (Antwort: „selten" oder „nie"): • „Wie oft kommen Sie erschöpft von der Arbeit nach Hause?" • „Wie oft müssen Sie körperlich schwere Arbeit verrichten?" • „Wie oft finden Sie Arbeit stressig?" • „Wie oft arbeiten Sie unter gefährlichen Bedingungen?" • „Wie oft arbeiten Sie unter ungesunden Bedingungen?" • „Wie oft arbeiten Sie unter körperlich unangenehmen Bedingungen?"
Arbeitsinhalt = 1	Dieser Subindex wird aus den Antworten auf zwei Fragen und der Zustimmung zu drei Statements generiert: • „Wie oft sind Sie bei der Arbeit gelangweilt?" (Antwort: „selten" oder „nie") • „Meine Tätigkeit ist interessant" (Antwort: „trifft zu" oder „trifft voll und ganz zu") • „In meinem Beruf kann ich anderen helfen" (Antwort: „trifft zu" oder „trifft voll und ganz zu") • „Ich kann selbstständig arbeiten" (Antwort: „trifft zu" oder „trifft voll und ganz zu") • „Welche der folgenden Aussagen beschreibt am ehesten, wie Ihre Arbeitszeiten festgelegt werden?" (Antwort: „Ich kann die Anfangs- und Endzeiten innerhalb bestimmter Grenzen festlegen" oder „Ich bin völlig frei, die Anfangs- und Endzeiten meiner Arbeit festzulegen")
Interpersonelle Beziehungen = 1	Dieser Subindex wird aus den Antworten auf zwei Fragen generiert: • „Wie würden Sie im Allgemeinen das Verhältnis zwischen Vorgesetzten und Mitarbeitern an Ihrem Arbeitsplatz beschreiben?" (Antwort: „sehr gut" oder „ziemlich gut") • „Wie würden Sie im Allgemeinen das Verhältnis zwischen Kollegen an Ihrem Arbeitsplatz beschreiben?" (Antwort: „sehr gut" oder „ziemlich gut")

Quelle: Clark, 1998

Die sieben Subindizes aggregiert Clark (1998) zu einem Gesamtindex, indem er für jedes Merkmal, das gute Arbeit signalisiert, einen Punkt vergibt. Daraus resultiert dann eine Variable mit einem Wertebereich von 0 bis 7. Es ist offensichtlich, dass der Index von Clark kein objektives Maß der Qualität der Arbeit ist. Denn erstens sind die Auswahl der Items sowie deren Gewichtung subjektiv und teils ad hoc spezifiziert. Zweitens geben die einzelnen Items ihrerseits keine objektiven Tatbestände wieder, sondern subjektive Einschätzungen der Befragten hinsichtlich der Arbeitsbedingungen in einzelnen Teilaspekten.

Clark (1998, 13) ist sich beider Probleme durchaus bewusst und macht auf die andere Möglichkeit aufmerksam, die Informationen zusammenzufassen: durch eine Auswertung der direkt erfragten, allgemeinen Arbeitszufriedenheit. Um den Zusammenhang zwischen den beiden Konzepten zu quantifizieren, rechnet er eine Ordered-Probit-Regression, in der die allgemeine Arbeitszufriedenheit durch die oben dargestellten Subindizes erklärt wird. Die Koeffizienten der Indizes weisen die erwarteten Vorzeichen auf. Mangels vollständiger Angaben zur Regressionsdiagnostik ist es jedoch schwer zu beurteilen, wie gut die allgemeine Arbeitszufriedenheit mit dem Modell erklärt werden kann.

Einen anderen Weg unter Verwendung derselben Datenquelle gehen Sousa-Poza/Sousa-Poza (2000b). Die Autoren verzichten auf die Konstruktion von Indizes. Stattdessen erklären sie die beobachtete allgemeine Arbeitszufriedenheit direkt mit den Items, die im Zusammenhang mit den Arbeitsbedingungen im Rahmen eines Ordered-Probit-Regressionsmodells stehen. Als Variablen mit dem höchsten Erklärungsbeitrag erweisen sich der Item „Meine Tätigkeit ist interessant" sowie ein gutes Verhältnis zwischen Vorge-

Arbeitszufriedenheit nach dem ISSP
Tabelle 2

2005/2006 in ausgewählten Ländern, in Prozent

	Deutschland	Frankreich	Vereinigtes Königreich
Völlig zufrieden	14	10	15
Sehr zufrieden	34	20	28
Ziemlich zufrieden	38	45	41
Weder noch	9	14	7
Ziemlich unzufrieden	4	8	5
Sehr unzufrieden	0	2	2
Völlig unzufrieden	1	2	1

Rundungsdifferenzen. Quellen: ISSP 2005 (Work Orientation III); eigene Berechnungen

setzten und Mitarbeitern. Die Regression zeigt, dass es systematisch wichtige und weniger wichtige Aspekte der Arbeitsbedingungen gibt, die auf die Arbeitszufriedenheit wirken. Insofern kann ein konstruierter Index die individuell erlebten Arbeitsbedingungen nicht korrekt beschreiben.

In Tabelle 2 werden die Befunde zur Arbeitszufriedenheit aus dem ISSP in drei ausgewählten Ländern dargestellt. Abzulesen ist, dass – wie schon beim EWCS (vgl. Tabelle 1, Abschnitt 3.1) – auch dieser Datenquelle zufolge Beschäftigte in Frankreich unzufriedener sind als in Deutschland. Während sich im EWCS die Befragten im Vereinigten Königreich als deutlich zufriedener erwiesen als in Deutschland, kann dies durch das ISSP nicht bestätigt werden.

3.3 INQA-Befragung

Im Rahmen der Initiative Neue Qualität der Arbeit (INQA) sollte im Jahr 2004 auf Basis der Antworten von Beschäftigten in einer repräsentativen Befragung unter rund 5.400 Teilnehmern eine breite Debatte über die Qualität der Arbeit angeregt werden (Fuchs, 2006, 13). Aus der Beschreibung der damals aktuellen Arbeits- und Lebenssituation und dem Abgleich zwischen Erfahrungen und Wünschen der Beschäftigten wollte die Untersuchung ein Leitbild für gute Arbeit entwerfen (Fuchs, 2009, 35). Darüber hinaus war es Ziel der Befragung, die Einstellung zu ermitteln, welche die Beschäftigten zu ausgewählten Aspekten der Arbeitsmarktordnung haben (befristete Beschäftigungsverhältnisse, Einsatz von Zeitarbeit, Einkommensunterschiede, Unterstützung im Fall der Arbeitslosigkeit etc.). Die Befragten konnten anhand eines Katalogs von 56 Einzelkriterien abbilden, was ihnen mit Blick auf gute Arbeit als sehr wichtig erscheint. Dabei kristallisierten sich sieben Kernelemente heraus (Übersicht 7).

Eine zentrale Stellung bei der subjektiven Bewertung von guter Arbeit erhielten mit Zustimmungswerten von 80 Prozent und mehr die beiden Bereiche, welche die Einkommens- und Beschäftigungssicherheit betreffen. Aber

INQA-Befragung: Vorstellungen von guter Arbeit   Übersicht 7

Ein festes, verlässliches Einkommen	Eine unbefristete Beschäftigung
Die Möglichkeit, die eigenen kreativen Fähigkeiten einzubringen und zu entwickeln	Eine sinnvolle Tätigkeit
Anerkennung und Wertschätzung	Die Möglichkeit, soziale Beziehungen zu entwickeln
Achtung/Schutz der Gesundheit	

Quelle: Fuchs, 2006

auch sinnvolle und kreative Merkmale wurden mit Zustimmungsquoten von knapp drei Vierteln ähnlich hoch wertgeschätzt.

In einem weiteren Schritt wurde – anhand einer Einkommensklassifizierung und der Angaben der Beschäftigten zu Möglichkeiten, sich persönlich und fachlich weiterzuentwickeln (sogenannte Ressourcen), sowie zu arbeitsbedingten Gefährdungen (sogenannte Fehlbeanspruchungen) – eine Typisierung der Arbeitsplätze in fünf Kategorien vorgenommen (Fuchs, 2006, 135 ff.):

• Insgesamt 9 Prozent der Arbeitsplätze waren gekennzeichnet durch ein mittleres oder hohes Ressourcenpotenzial und durch ein niedriges Fehlbeanspruchungsniveau. Darunter wiesen aber lediglich 3 Prozentpunkte ein Bruttomonatseinkommen von 2.000 Euro oder mehr auf; dabei handelte es sich ausschließlich um Vollzeitbeschäftigte.

• Bei mehr als einem Viertel (28 Prozent) der Arbeitsverhältnisse wurden ein mittleres oder hohes Ressourcenpotenzial und ein mittleres Fehlbeanspruchungsniveau konstatiert. Rund die Hälfte der Betreffenden bezog ein Bruttomonatseinkommen oberhalb der Schwellenwerte von 2.000 Euro für eine Vollzeitbeschäftigung beziehungsweise 1.500 Euro für eine Teilzeitbeschäftigung.

• In etwas weniger als einem Viertel (23 Prozent) der Beschäftigungsverhältnisse waren das Ressourcenpotenzial, aber auch das Fehlbeanspruchungsniveau gleichermaßen hoch. In zwei Dritteln dieser Fälle lag das Bruttomonatseinkommen oberhalb der genannten Schwellenwerte.

• Bei 22 Prozent der Arbeitsverhältnisse stand einem hohen Fehlbeanspruchungsniveau nur ein mittleres Ressourcenpotenzial gegenüber. Die Hälfte dieser Beschäftigten wies ein Bruttomonatseinkommen oberhalb der Schwellenwerte auf.

• In gut jedem sechsten Arbeitsverhältnis (17 Prozent) gab es kaum oder gar keine Möglichkeiten, sich persönlich und fachlich weiterzuentwickeln. In zwei Dritteln davon war zudem das Fehlbeanspruchungsniveau hoch und das Einkommen überschritt die Schwellenwerte nicht.

Gute Arbeit lag nach dem Verständnis der Autoren dann vor, wenn das Ressourcenpotenzial eines Arbeitsplatzes mittel oder hoch war, die Fehlbeanspruchung niedrig war und die Schwellenwerte von 2.000 Euro für Vollzeitarbeitsplätze oder 1.500 Euro für Teilzeitarbeitsplätze überschritten wurden. Dies impliziert, dass im Jahr 2004 gerade einmal 3 Prozent der Beschäftigungsverhältnisse die Kriterien guter Arbeit erfüllten. Die Typisierung der Arbeitsplätze und vor allem die Aussage, lediglich 3 Prozent der hiesigen Arbeitsplätze seien unter „gute Arbeit" zu subsumieren, sind unter vier Gesichtspunkten kritisch zu hinterfragen:

- Die willkürliche Festsetzung der beiden Schwellenwerte für den Verdienst führt automatisch dazu, dass Teilzeitarbeitsplätze kaum die Kriterien guter Arbeit erfüllen können. In der INQA-Erhebung trifft dies wenig überraschend bei allen befragten Teilzeitbeschäftigten zu. Als Grund für die Festsetzung der Schwellenwerte wird genannt, dass Monatseinkommen unter 1.500 Euro bei Teilzeitbeschäftigten und unter 2.000 Euro bei Vollzeitbeschäftigten nicht existenzsichernd und daher als prekär einzustufen seien (Fuchs, 2006, 41). Das Ansetzen eines individuellen Monatseinkommens zur Identifizierung einer prekären Einkommenssituation ist jedoch ungeeignet, weil es den Haushaltskontext vernachlässigt (Schäfer/Schmidt, 2012, 22 ff.). Zudem fehlt hier jeglicher Bezug auf das Wertschöpfungspotenzial eines Arbeitsplatzes. Per definitionem können dann vor allem geringqualifizierte Beschäftigte keine gute Arbeit ausüben und Arbeitsplätze, auf denen vorwiegend einfache Tätigkeiten verrichtet werden, keine guten Arbeitsplätze sein. Ferner mangelt es bei den Schwellenwerten an Zusammenhang mit der eigenen Erhebung, denn in dieser haben die Autoren lediglich abgefragt, ob für die Beschäftigten ein festes und verlässliches Einkommen ein Kriterium guter Arbeit darstelle; eine bestimmte Entgelthöhe war mit den Angaben der befragten Teilnehmer hingegen nicht verbunden.

- Zwei von sieben Items, die das Ressourcenpotenzial eines Arbeitsplatzes beschreiben sollen, beziehen sich auf Interaktionen mit Vorgesetzten und Kollegen. Bei deren Bewertung durch die Befragten ist aber zu beachten, dass Verhalten stets reziprok ist – also das Verhalten der einen Seite vom Verhalten des Gegenübers abhängt. Damit ist zweifelhaft, ob die Qualität des Arbeitsplatzes hiermit zutreffend beschrieben werden kann. Darüber hinaus vernachlässigt das Item der Teilnahme an hilfreicher betrieblicher Weiterbildung im Vorjahr als Indikator für die Entwicklungsmöglichkeiten, ob aus Sicht des Unternehmens oder des Beschäftigten überhaupt Bedarf für eine Qualifizierung bestand und ob es sich im konkreten Fall um eine sinnvolle Weiterbildungsmaßnahme handelte.

- Bei der Identifikation von Fehlbeanspruchung wird auf empfundene Arbeitsplatzunsicherheit rekurriert. Ohne Zweifel wird die Sorge um den eigenen Arbeitsplatz als Stressor empfunden. Offen bleibt dabei jedoch, ob die Merkmale des Arbeitsplatzes hierfür verantwortlich sind oder ob diese Unsicherheit aus den Charakteristika des wirtschaftlichen Umfelds erwächst. Gerade dieses Item übersieht, dass eine hohe Arbeitsplatzsicherheit in Bezug auf den Befragten gleichbedeutend sein kann mit ungünstigen Beschäftigungsperspektiven Dritter. Es stellt sich ferner die Frage, warum komplexe Arbeitsanforderungen – etwa Konzentrations- und Genauigkeitserfordernis, geringe Fehlertoleranz – als Kriterien einer Fehlbeanspruchung definiert werden. Im Grunde handelt es sich hierbei um eine neutrale Beschreibung spezifischer Arbeitsplatzmerkmale.

- Die Klassifizierung des Ressourcenpotenzials und des Fehlbeanspruchungsniveaus erfolgt anhand einer summarischen Bewertung. Damit unterstellt Fuchs (2006), dass sämtliche Items für die Betroffenen gleichwertig seien, obwohl die Befragung deutliche Unterschiede widerspiegelt.

Dem Ansatz, im Rahmen der INQA-Erhebung ein Leitbild von guter Arbeit zu entwerfen, steht das Verdienst zu, Ansprüche der Beschäftigten zu identifizieren und damit eine Lücke zu schließen, die in den zuvor diskutierten Konzepten klaffte. Gleichwohl ist der Ansatz vor dem Hintergrund der gerade genannten Einwände ebenfalls ungeeignet, um die Qualität der Arbeit zu messen. Dies wird auch daran deutlich, dass die Untersuchung selbst konstatiert, dass zwischen dem Anteil der Befragten, die mit ihrem Arbeitsplatz zufrieden sind (45 Prozent), und dem Anteil von Arbeitsplätzen mit guten Arbeitsbedingungen (3 Prozent) ein enormer Unterschied besteht (Fuchs, 2006, 24; 115).[1]

3.4 Gute-Arbeit-Index

Der Index Gute Arbeit ist ein Konzept, das in enger Verbindung mit den Vorarbeiten im Rahmen der INQA-Erhebung steht und unmittelbar an diesen Ansatz anschließt. Der Index basiert auf Befragungen, die jährlich unter rund 4.000 Arbeitnehmern im Auftrag des Deutschen Gewerkschaftsbunds (DGB) durchgeführt werden. Die Zielsetzung geht hier deutlich über eine rein erkenntnisorientierte Darstellung der subjektiv empfundenen Arbeitsbedingungen hinaus. Es sollen eine gesellschaftliche Debatte über die „Verbesserung der Arbeitsrealität" angestoßen sowie berufs- und arbeitspolitische Initiativen flankiert werden (Fuchs, 2008, 2). Diese Zielsetzung impliziert bereits, dass die Arbeitsbedingungen als verbesserungsbedürftig angesehen werden. Vor diesem Hintergrund ist auch die Konstruktion des Index zu sehen.

Der Index basiert auf der Identifikation von 15 Dimensionen, denen auf Grundlage des arbeitswissenschaftlichen Forschungsstands Relevanz beigemessen wurde. Diese werden zu drei Teilindizes zusammengefasst: Zehn Dimensionen fließen durch Mittelwertbildung in den Index „Ressourcen"

---

[1] Hierbei wird der Anteil zufriedener Beschäftigter aufgrund der Definition von Arbeitszufriedenheit sogar systematisch unterzeichnet.

Gewichtungsschema beim DGB-Index Gute Arbeit Übersicht 8

	Gewicht, in Prozent
Teilindex „Ressourcen" (zehn unterschiedliche Dimensionen mit insgesamt 19 einzelnen Fragestellungen)	33,3
Teilindex „Belastungen" (drei unterschiedliche Dimensionen mit insgesamt acht einzelnen Fragestellungen)	33,3
Teilindex „Einkommen und Sicherheit" (zwei unterschiedliche Dimensionen mit insgesamt vier einzelnen Fragestellungen)	33,3

Quelle: Fuchs, 2008

ein, drei Dimensionen in den Index „Belastungen" und zwei Dimensionen in den Index „Einkommen und Sicherheit". Aus dem gleichgewichteten Mittelwert der drei Teilindizes resultiert der Gesamtindex. Die 15 Dimensionen wiederum werden jeweils durch eine bis drei Fragen (Items) gebildet, die auf einer siebenstufigen Skala beantwortet werden sollen. Durch die Gleichgewichtung bei den Items, den Dimensionen und den Teilindizes ergibt sich ein ad hoc spezifiziertes Gewichtungsschema, das jeder einzelnen Frage ein sehr unterschiedliches Gewicht zuordnet (Übersicht 8). Das Gewicht bei der Frage „Kommt es vor, dass Sie Angst um Ihre berufliche Zukunft haben?" ist zum Beispiel 15-mal so hoch wie das Gewicht bei der Frage „Können Sie Ihre Arbeit selbstständig planen und einteilen?". Eine empirisch hergeleitete Begründung des Gewichtungsschemas fehlt (Prümper/Richenhagen, 2009).

Zur Problematik der willkürlichen Gewichtung kommen weitere methodische Kritikpunkte hinzu (vgl. dazu ausführlich Lesch et al., 2011). So werden die Indexwerte willkürlich und asymmetrisch verdichtet zu einer der drei Bewertungen „gute", „mittelmäßige" und „schlechte" Arbeit. Es wird nicht überzeugend begründet, warum – bei 100 möglichen Punkten – die Kategorisierung als mittelmäßige Arbeit schon bei einem Indexwert von 80 Punkten beginnt und die Kategorisierung als schlechte Arbeit bereits ab 50 Punkten. Aus inhaltlicher Sicht ist zu kritisieren, dass die einzelnen Items mitunter nur bruchstückhaft das mit der Dimension angerissene Thema abbilden. So wird etwa die Dimension „Sicherheit", die mit einem hohen Gewicht in den Gesamtindex eingeht, nur mit einer einzigen Frage erfasst. Hier wäre es denkbar, diesen Aspekt mit weiteren Fragen um einiges umfassender zu bewerten (Lesch et al., 2011, 20 f.). Unverständlich ist außerdem, warum die Dimension „Sinngehalt der Arbeit" lediglich durch die Frage repräsentiert ist, inwieweit der Befragte seine Tätigkeit für nützlich für die Gesellschaft hält. Die Forschung zur Arbeitszufriedenheit hat diesbezüglich ergeben, dass hier vor allem die Frage von Bedeutung ist, ob die Beschäftigten ihre Tätigkeit als interessant wahrnehmen (Sousa-Poza/Sousa-Poza, 2000b). Ferner ist die – immerhin mit 5,6 Prozent gewichtete – Frage nach der persönlichen Einschätzung der Rente allenfalls indirekt mit der ausgeübten Tätigkeit verknüpft. Denn die Rentenhöhe hängt von einer Vielzahl von Faktoren ab, etwa von der gesamten individuellen Erwerbsbiografie und den Rahmenbedingungen der gesetzlichen Rentenversicherung.

In den Jahren 2007 bis 2010 schwankte der Wert im Gute-Arbeit-Index zwischen 58 und 59 Punkten (von 100 möglichen Punkten); dies vermittelte in der Klassifizierung der Autoren also ein Bild von mittelmäßiger Arbeit in Deutschland – mit Tendenz zu schlechter Arbeit, da diese bereits bei einem Wert von mehr als 50 Punkten beginnt.[2] Dieser Befund kontrastiert auffällig mit den Ergebnissen anderer Untersuchungen zur allgemeinen Arbeitszufriedenheit. Werden die in Form von Likert-Skalen vorliegenden Befunde anderer Befragungen auf eine Skala von 0 bis 100 Punkten umgerechnet, so ergibt sich für Deutschland aus dem EWCS für das Jahr 2010 ein Wert von 72 Prozent, aus dem ISSP für das Jahr 2006 ein Wert von 74 Prozent und aus dem Sozio-oekonomischen Panel (SOEP) für 2011 ein Wert von 69 Prozent.

3.5 Zwischenfazit: Warum ein zusammengefasster Indikator für die Erfassung der Qualität der Arbeit am besten geeignet ist

Daten aus Befragungen wie dem EWCS, dem ISSP, der INQA-Befragung und im Rahmen des Gute-Arbeit-Index eröffnen aufgrund der Vielfalt der zur Arbeitswelt abgefragten Aspekte neue Erkenntnismöglichkeiten. Im Unterschied zu den in Kapitel 2 vorgestellten Bewertungskonzepten der Decent Work Agenda und der Europäischen Beschäftigungsstrategie lassen sie Aussagen über die Qualität von Arbeit aus der unmittelbaren Perspektive der Beschäftigten zu. Gleichwohl sind auch hier konzeptionelle und methodische Schwierigkeiten zu beobachten.

Bei der Betrachtung der Konzepte zur Bewertung der Qualität der Arbeit auf Basis von EWCS, ISSP, INQA-Befragung und Gute-Arbeit-Index fällt auf, dass die Befunde zur Qualität der Arbeit in markantem Kontrast zu den Werten für die allgemeine Arbeitszufriedenheit stehen, die sich teils aus denselben, teils aus anderen Erhebungen ermitteln lassen. Arbeitszufriedenheit ist dabei zu fassen als das Ergebnis der Beschaffenheit der Arbeit, wie

---

[2] Befunde aus den Befragungen der Jahre 2011 und 2012 liegen zwar bereits vor. Der DGB hat aber auf einen Ausweis des Gesamtindex verzichtet und bis dato nur Befunde zu Sonderthemen der Befragungen publik gemacht.

sie von den Arbeitnehmern selbst implizit gewichtet und ganzheitlich bewertet wird (Clark, 1998, 15; Hamermesh, 1977; Locke, 1976). Die Arbeitszufriedenheit steht somit immer auch im Spiegel der individuellen Erwartungen des Beschäftigten an einen Arbeitsplatz sowie des Umfangs, in welchem er diese Erwartungen als erfüllt ansieht (Albers, 2008, 157). Zudem wird sie davon beeinflusst, in welchem Maße sich Beschäftigte an die Beschaffenheit ihrer Arbeit anpassen können (Aziri, 2011, 79 ff.) und wie der Vergleich mit den eigenen Erfahrungen und Alternativen ausfällt (Levy-Garboua/Montmarquette, 2004). Die Arbeitszufriedenheit hängt aber auch davon ab, welche Schlüsse ein Arbeitnehmer aus der vergleichenden Beobachtung sowohl der Tätigkeiten als auch des Status von anderen Beschäftigten zieht, und zwar auch dann, wenn die objektiven Merkmale seines eigenen Arbeitsplatzes unverändert bleiben (Brown et al., 2005; Clark/Oswald,1996).

Der Unterschied zwischen den Werten für die Arbeitszufriedenheit und den verschiedenen Bewertungen der Qualität der Arbeit deutet auf das grundsätzliche Problem hin, dass hier Unterschiedliches gemessen wird (Schokkaert et al., 2009, 3). Muñoz Bustillo Llorente/Fernández Macías (2005) gehen sogar so weit, zu behaupten, dass die Arbeitszufriedenheit ein inadäquater Indikator sei, um Aussagen zur Qualität der Arbeit treffen zu können. Sie begründen diese These mit ihrer Beobachtung, dass die geringen Differenzen bei der Arbeitszufriedenheit im internationalen Vergleich nicht mit den deutlichen Differenzen bei objektiv messbaren Variablen korrespondieren. Im Querschnitt von rund 20 Ländern existiere lediglich eine geringe Korrelation zwischen der durchschnittlichen Arbeitszufriedenheit und einigen makroökonomischen Variablen (etwa BIP pro Kopf, Lohnzuwachsraten oder Gini-Koeffizienten). Mit Blick auf Spanien für sich betrachtet bestehe zudem nur eine geringe Variation bei der relativ hohen Arbeitszufriedenheit, obwohl die Arbeitsplätze nach pseudo-objektiven Kriterien (wie etwa Befristung) ganz unterschiedlich seien.

Die empirische Beweisführung für die These von Muñoz Bustillo Llorente/Fernández Macías (2005) überzeugt aber nicht, denn wichtige berufs- und tätigkeitsbezogene Faktoren werden nicht in das Modell aufgenommen. Zudem steht sie in Kontrast zu den Ergebnissen anderer empirischer Untersuchungen. Dies wird deutlich, wenn man die Befunde der Korrelationsanalyse berücksichtigt, welche Eurofound (2012, 31) auf der breiteren Datenbasis des EWCS vorgenommen hat. Auch weitere Autoren weisen darauf hin, dass die Arbeitszufriedenheit zumindest als mögliches Resultat der Qualität der Arbeit zu interpretieren sei, selbst wenn sie nur einen Teilaspekt widerspiegele (Clark, 2005; Dahl et al., 2009, 9; Eurofound, 2007; Freeman, 1978).

Die Interpretation des Unterschieds und des Zusammenhangs zwischen der Arbeitszufriedenheit und der Qualität der Arbeit hängt vom Erkenntnisinteresse ab. Während in Analysen mit einem medizinischen Hintergrund unter Umständen objektiv messbare Indikatoren im Vordergrund stehen, kann dies bei der Erforschung von psychosozialen Gesichtspunkten ganz anders aussehen. In betriebswirtschaftlichen Untersuchungen wiederum liegt das Erkenntnisinteresse vorwiegend in der Messung der Mitarbeiterzufriedenheit in einem konkreten Anwendungsfall sowie in der Ableitung von Einflussfaktoren und Auswirkungen, die als Ansatzpunkte für eine Strategie der betrieblichen Optimierung von Prozessen dienen können (Ferreira, 2007, 89).

Aus volkswirtschaftlicher Perspektive können sich verschiedene Fragestellungen ergeben, die jeweils unterschiedliche Konsequenzen für die Messung der Arbeitsqualität auf der Grundlage von Beschäftigtenangaben haben. Sofern etwas zu den Bestimmungsfaktoren gesagt werden kann, folgen daraus gegebenenfalls Ansatzpunkte für eine Verbesserung der gesamtwirtschaftlichen Wohlfahrt, zumindest aber ließe sich damit das subjektive Wohlbefinden als Faktor des ökonomischen Fortschritts einbeziehen (Seashore/Taber, 1975, 333 f.; Gambacorta/Iannario, 2012, 5). Eine objektive oder pseudoobjektive Messung der Qualität der Arbeit, wie sie die hier vorgestellten Ansätze auf Basis von EWCS, ISSP, INQA-Befragung und Gute-Arbeit-Index verfolgen, reicht hierfür nicht aus. Denn ob es in einer Volkswirtschaft überwiegend gute oder schlechte Beschäftigungsverhältnisse gibt, können nur die Beschäftigten selbst valide beurteilen.

Arbeitszufriedenheit ist aus volkswirtschaftlicher Perspektive dann eine brauchbare Approximation an die Qualität der Arbeit, wenn sich zwischen ihr und den üblicherweise als relevant erachteten Teilaspekten im Rahmen einer mehrdimensionalen Befragung ein Zusammenhang herstellen lässt. Hier erscheint grundsätzlich die Aussage plausibel, dass eine steigende Arbeitszufriedenheit auch eine steigende Qualität der Arbeit indiziert, sofern sich die individuellen Erwartungen und Normen eines Arbeitnehmers nicht systematisch geändert haben (Green, 2006, 151 ff.). Aus dieser Überlegung ergibt sich allerdings eine wichtige Konsequenz für die Frage der Messung. Eine statusbezogene Korrelation zwischen der Arbeitszufriedenheit und der Qualität der Arbeit kann nur auf individueller Ebene stabil sein. Daraus folgt, dass Modelle, welche die Arbeitszufriedenheit mit objektiven Kriterien verknüpfen wollen, immer auch die Heterogenität zwischen Individuen berücksichtigen müssen.

Daher ist es wichtig, einen Überblick über die verschiedenen Determinanten und empirischen Studien zum Thema Arbeitszufriedenheit zu geben. Sie sind auf Zweierlei zu überprüfen: erstens darauf, ob sie die Kernbereiche abdecken, die sich in der survey-basierten Forschung als potenzielle Dimensionen für die Qualität der Arbeit aus Sicht der Beschäftigten etabliert haben (Clark, 1998; 2005; Judge/Klinger, 2007, 395; Dahl et al., 2009; Gallie, 2012; Green, 2006), und zweitens darauf, wie und in welchem Maße sie in die bisher vorgestellten Ansätze Eingang gefunden haben.

 # Arbeitszufriedenheit als Maß für die Qualität der Arbeit

4.1 Tätigkeitsbezogene Einflussfaktoren

Entlohnung

Unter den tätigkeitsbezogenen Einflussfaktoren nimmt das Arbeitseinkommen eine herausragende Stellung ein, weil es eine zentrale Rolle bei der Sicherung der Lebensgrundlage spielt. Daher verwundert es nicht, dass ein positiver Zusammenhang zur Arbeits- und Lebenszufriedenheit bereits mehrfach nachgewiesen wurde (Grund/Sliwka, 2001; Frey/Stutzer, 2002). Allerdings ist davon auszugehen, dass der Zugewinn an Zufriedenheit mit wachsendem Einkommen unterproportional zunimmt (Frey/Stutzer, 2002). Dies steht im Einklang mit Forschungsergebnissen, die einen stärkeren positiven Zusammenhang für untere Einkommensbereiche und in ärmeren Gesellschaften belegen können (Argyle, 1999; Kenny, 1999). Kahneman/Deaton (2010) zeigen beispielsweise, dass ab einem bestimmten Einkommen aus einem Verdienstanstieg praktisch keine positiven Effekte hinsichtlich des emotionalen Wohlbefindens mehr resultieren: "Further increases in income no longer improve individuals' ability to do what matters most to their emotional well-being, such as spending time with people they like, avoiding pain and disease, and enjoying leisure" (Kahneman/Deaton 2010, 16492).

Es lässt sich hier die Frage anschließen, ob die Arbeitszufriedenheit von Beschäftigten in leistungsabhängigen Entlohnungsformen (etwa in Stücklohnsystemen oder Aufstiegsturnieren) oder aber in zeitabhängigen Systemen höher ausfällt. Anhand von Panelschätzungen finden Heywood/Wei (2006) Hinweise darauf, dass individuelle leistungsabhängige Entlohnungsformen im Allgemeinen mit positiven Effekten auf die Arbeitszufriedenheit verbunden sind, im Detail jedoch Frauen und Männer offenbar einzelne Entlohnungskomponenten unterschiedlich bewerten. Insbesondere lassen sich bei Männern positive Effekte von Gewinnbeteiligungen für Teams feststellen, während diese bei Frauen insignifikant bleiben. Zur Erklärung dessen vertreten die Autoren die These, dass diese Gewinnbeteiligungen allein bei Männern stimulierend auf die Kooperationsbereitschaft wirken, Frauen hingegen diesem Anreiz eher neutral gegenüberstehen.

Mit Blick auf die Anreizwirkungen von Entlohnungssystemen wird häufig die Risikoneigung von Beschäftigten in den Mittelpunkt gestellt, weil diese offenbar eine Selbstselektion in die jeweiligen Systeme unterstützt (Grund/ Sliwka, 2006). Cornelißen et al. (2008) zeigen, dass leistungsabhängige Systeme unabhängig von der Risikotoleranz einen positiven Effekt auf die Arbeitszufriedenheit haben. Wenn allerdings zusätzlich für das Einkommen kontrolliert wird, womit das Einkommensrisiko in leistungsabhängigen Systemen entfällt, dann wird der Effekt insignifikant. Demnach dürften letztlich die in leistungsabhängigen Systemen üblichen höheren Verdienstmöglichkeiten den positiven Effekt auf die Arbeitszufriedenheit erklären. Cornelißen et al. (2008) kommen aber auch zu dem Ergebnis, dass die Risikotoleranz von Beschäftigten in leistungsabhängigen Entlohnungssystemen positiv mit der Arbeitszufriedenheit korreliert, während dies in leistungsunabhängigen Entlohnungssystemen nicht der Fall ist. Insofern wirkt sich zumindest in leistungsabhängigen Systemen der Grad der Risikoneigung offenbar auf die Arbeitszufriedenheit aus.

Karriereperspektiven

Ambitionen von Mitarbeitern, im Unternehmen aufzusteigen, können außer als Streben nach Einkommenszuwächsen auch als Streben interpretiert werden, Status- oder Positionsgüter zu erwerben. Berufliche Führungspositionen lassen sich als Statusgüter verstehen, die knapp sind, sich nicht beliebig vermehren lassen und bei übermäßigem Angebot an Wert verlieren (Hirsch, 1980; Frank, 1985). Dass Status einen Eigenwert hat, belegen Huberman et al. (2001); in deren Experiment waren Probanden bereit, für eine Statusverbesserung eine Einkommensabsenkung in Kauf zu nehmen. Generell dürfte ein enger Zusammenhang zu interpersonellen Vergleichsprozessen innerhalb eines Betriebs bestehen, da die Zufriedenheit eines Beschäftigten und auch der Wert einer Führungsposition in hohem Ausmaß beeinflusst wird vom individuellen Rang in der (betrieblichen) Einkommensverteilung (Brown et al., 2005).

Ferner ist zu bedenken, dass Beförderungen grundsätzlich nicht nur mit einem höheren Status, sondern auch mit weiteren sogenannten Job Amenities einhergehen, etwa mit einer höheren (Budget-)Verantwortung, einer größeren Autonomie am Arbeitsplatz oder einem exklusiven Zugang zu Bonusregelungen. Damit wird deutlich, dass sich hinter dem Aspekt der Karriereperspektiven eine Vielzahl an Merkmalen verbirgt, die einen Einfluss auf die Arbeitszufriedenheit haben. Demzufolge sollte der Faktor der Karriereperspektiven relativ eng mit diesen Merkmalen korreliert sein (Nguyen et al., 2003). Zwar können mit einer höheren Verantwortung und einem zeitlich größeren Arbeitsumfang oder einer größeren Arbeitsbelastung auch negative Auswirkungen auf die Arbeitszufriedenheit verbunden sein (Boyce/Oswald, 2008). Jedoch ist im Allgemeinen davon auszugehen, dass die Vorteile einer Beförderung die potenziellen Nachteile bei weitem überwiegen. Empirische Studien dokumentieren, dass gute Aufstiegschancen generell einen positiven Effekt auf die Arbeitszufriedenheit haben (Clark, 1996). Zudem scheint bereits die Aussicht auf eine Beförderung (in den nächsten zwei Jahren) die Arbeits- und Lebenszufriedenheit positiv zu beeinflussen (Kosteas, 2010; Neumann/Schmidt, 2013). Johnston/Lee (2012) weisen allerdings auf Basis von Daten für Australien darauf hin, dass die positiven Effekte auf die Zufriedenheit direkt im Anschluss an eine Beförderung relativ hoch ausfallen und sich in der Folgezeit abschwächen.

Es ist umstritten, ob der positive Zusammenhang zwischen Karrierechancen und Arbeitszufriedenheit bei Frauen und Männern verschieden stark ausfällt. Einerseits existieren empirische Befunde für Großbritannien, die bei Männern auf eine höhere Priorität der Aufstiegschancen hindeuten (Clark, 1997; Sousa-Poza/Sousa-Poza, 2003) und die ihnen eine höhere Wahrscheinlichkeit auf eine steigende Arbeitszufriedenheit nach einer Beförderung zuordnen (Francesconi, 2001). Andererseits stellen Sousa-Poza/Sousa-Poza (2000a) und Clark (2009) mit Daten des ISSP nur geringe beziehungsweise gar keine geschlechtsspezifischen Unterschiede fest.

Inhalt und Art der Tätigkeit

Der Arbeitsinhalt setzt sich zusammen aus einer Vielzahl an einzelnen Aufgaben und Tätigkeiten, die teils separat oder in aggregierter Form in Datensätzen erfasst werden. Dies erschwert oftmals einen präzisen Vergleich der Effekte von Merkmalen des Arbeitsinhalts auf die Arbeitszufriedenheit. Clark (1998) verwendet den zusammengefassten Indikator „Job Content" (vgl. auch Übersicht 6, Abschnitt 3.2). Er findet heraus, dass der Effekt dieses Indikators auf die Arbeitszufriedenheit positiv ist und stärker ausfällt als beispielsweise der eines hohen Einkommens oder guter Aufstiegschancen.

Das Ergebnis, dass Beschäftigte eine umso höhere Zufriedenheit mit ihrer Arbeit aufweisen, je interessanter die Arbeitsinhalte für sie sind und je stärker die Selbstbestimmung bei der Arbeit ist, konnten auch Sousa-Poza/Sousa-Poza (2000a) bestätigen. Detaillierte Auswertungen von Blanchflower/Oswald (1999) dokumentieren zudem die Effekte von einzelnen Arbeitsbedingungen (Hantieren mit gefährlichen Substanzen, Bedienung von Computern, Notwendigkeit von Schutzkleidung etc.) auf die Arbeitszufriedenheit.

Im Zusammenhang mit der beruflichen Autonomie wird häufig auf die große Zufriedenheit von Selbstständigen verwiesen, deren Tätigkeit durch ein besonderes Maß an Autonomie und Selbstbestimmung gekennzeichnet ist (Benz/Frey, 2003). Einen sehr hohen Anteil an Hochzufriedenen weisen Lesch et al. (2011) zum Beispiel für Wissenschaftler und Führungskräfte nach, deren Tätigkeiten mit großer Autonomie und Vielfalt einhergehen. Auf Basis einer deskriptiven Auswertung mithilfe des SOEP erhalten Neumann/Schmidt (2013) diesen Befund hinsichtlich der Lebenszufriedenheit auch für die gesamte Gruppe der Erwerbstätigen. Gallie (2012, 332 f.) zeigt ergänzend mit Daten des britischen Skills Survey für das Vereinigte Königreich, dass größere Entscheidungsspielräume positiv wirken auf die Arbeits- und Lebenszufriedenheit und auf die Bindung zum Unternehmen.

Oft wird in diesem Kontext das Konzept des prozeduralen Nutzens angeführt. Nach Frey et al. (2004) stiften demnach nicht allein die Tätigkeit selbst oder das Ergebnis der Tätigkeit einen Nutzen, sondern Beschäftigte schätzen auch die Prozesse und die institutionellen Gegebenheiten, die mit einer Tätigkeit einhergehen. Einen empirischen Beleg liefern Frey/Benz (2008), die der Autonomie und Selbstbestimmung einen Eigenwert zuordnen können.

Anzumerken ist, dass teils auch eine für die Gesellschaft nützliche Tätigkeit (nach Einschätzung der Befragten) und die Möglichkeit, im Rahmen der Arbeit anderen Menschen zu helfen, eine Rolle spielen und sich hier positive Effekte auf die Arbeitszufriedenheit nachweisen lassen (Sousa-Poza/Sousa-Poza, 2000a). Es ist zu vermuten, dass Altruismus oder Uneigennützigkeit als Motivation für die Bewertung der Arbeitszufriedenheit daher ebenfalls von Bedeutung sind.

Arbeitsplatzsicherheit

Die Sicherheit des eigenen Arbeitsplatzes hat für viele Beschäftigte eine besonders hohe Priorität (Fuchs, 2006). Eine Arbeit garantiert nicht nur ein Einkommen, das zur Sicherung der Lebensgrundlage beiträgt, sondern kann auch das Selbstwertgefühl steigern und ermöglicht soziale Kontakte, die für die Beschäftigten mit einem Eigenwert verbunden sind. Eine Vielzahl von Studien weist nach, dass bei einem unfreiwilligen Arbeitsplatzverlust nicht-pekuniäre Kosten auftreten, die durch psychisches Leid entstehen und die – in monetären Größen ausgedrückt – teilweise ähnlich hoch ausfallen wie die Einkommenseinbußen (Winkelmann/Winkelmann, 1998; Clark/Oswald 2002; Knabe/Rätzel, 2008).

Im Detail scheint dabei nicht allein die Frage nach der Sicherheit des Arbeitsplatzes für die Beurteilung der Zufriedenheit eine Rolle zu spielen, sondern auch die nach den am Arbeitsmarkt bestehenden Alternativen. So zeigen Auswertungen zur Lebenszufriedenheit, dass die subjektiv empfun-denen Chancen auf einen gleichwertigen Arbeitsplatz einen moderierenden Effekt auf die Sorgen um die eigene Arbeitsplatzsicherheit haben können (Neumann/Schmidt, 2013). Je leichter demnach ein (vergleichbarer) Arbeits-platz gefunden werden kann, umso größer fällt die Zufriedenheit bei gegebener Sorge um den Arbeitsplatz aus (Van der Meer/Wielers, 2011).

Entgegen der Intuition, dass eine höhere Wahrscheinlichkeit, den Arbeits-platz zu verlieren, stets eine niedrigere Arbeitszufriedenheit zur Folge hat, kommen Lesch et al. (2011) zu dem Befund, dass der Anteil der Hochzufrie-denen nur bis zu einem Risiko des Arbeitsplatzverlusts von etwa 80 Prozent sinkt, jedoch im Anschluss wieder etwas ansteigt. Dies legt die vorsichtige Vermutung nahe, dass ein relativ sicherer Verlust des Arbeitsplatzes als weniger belastend für die Arbeitszufriedenheit erlebt wird als ein eher wahr-scheinlicher Arbeitsplatzverlust, der mit einer größeren Unsicherheit ver-bunden ist.

Von besonderem Interesse im Zusammenhang mit der Arbeitsplatzsicher-heit sind die Auswirkungen von Befristungen, da Beschäftigungsverhältnisse dann durch eine größere Diskontinuität gekennzeichnet sind. Die Befunde fallen jedoch uneinheitlich aus. Einerseits lässt sich auf Basis britischer und international vergleichender Daten zeigen, dass befristet (Vollzeit-)Beschäf-tigte eine signifikant niedrigere Arbeitszufriedenheit haben (Clark/Oswald, 1996; Kaiser, 2002). Auf der Grundlage von SOEP-Daten ermitteln Beckmann et al. (2007) jedoch für Deutschland, dass eine Befristung nicht per se einen negativen Effekt auf die Arbeitszufriedenheit ausübt. Dies gilt besonders dann, wenn die Entscheidung für oder gegen eine befristete Beschäftigung als endogen betrachtet wird, also durch individuelle und betriebsbezogene Merkmale erklärt wird. Die Autoren finden sogar eine positive Korrelation zwischen Befristung und Arbeitszufriedenheit und bieten dafür zwei Erklä-rungen an: Einerseits dürften befristet Beschäftigte danach rückblickend die

Möglichkeit zum Einstieg in den Arbeitsmarkt positiver bewerten als unbefristet Beschäftigte mit einem (gleichbleibend) hohen Zufriedenheitsniveau. Andererseits könne eine größere Zufriedenheit bei befristet Beschäftigten im Zusammenhang mit der Motivation stehen, einen unbefristeten Vertrag zu erhalten. Die Aussicht auf Entfristung kann demnach ähnlich wirken wie die Aussicht auf eine Beförderung (Kosteas, 2010).

Arbeitsklima und Unternehmenskultur

Dem Arbeitsklima wird in Studien zur Arbeitszufriedenheit stets eine große Bedeutung zugemessen. Dabei wird in der Regel unterschieden zwischen guten Beziehungen zu Vorgesetzten und guten Beziehungen zu Kollegen. In den empirischen Untersuchungen erweisen sich vor allem Erstere als Einflussfaktor auf die Arbeitszufriedenheit (Clark, 1998; Sousa-Poza/Sousa-Poza, 2000b; Cornelißen, 2006). Gute Beziehungen zu Kollegen spielen zwar ebenfalls eine Rolle, die Korrelationen fallen jedoch oft schwächer aus.

Ob und in welchem Maße die Unternehmenskultur und mit ihr verbundene Aspekte wie Fairness, Offenheit, Anerkennungskultur, Chancengleichheit, Diversity Management auf die Zufriedenheit von Arbeitnehmern wirken, ist aufgrund der Datenlage nur schwer zu beantworten. Eine Ausnahme bildet eine Studie von Blanchflower/Oswald (1999), die auf Basis des Eurobarometers zeigen, dass gleiche Chancen von Frauen und Männern in einem positiven Zusammenhang mit der Arbeitszufriedenheit der Beschäftigten stehen. Dieser positive Effekt fällt bei getrennt für Männer und Frauen geschätzten Modellen für Frauen jedoch betragsmäßig deutlich höher aus als für Männer.

Vereinzelt liegen auch Befunde vor, die Zufriedenheitseffekte von personalpolitischen Konzepten quantifizieren. So können Mohr/Zoghi (2006) auf Basis kanadischer Daten positive Effekte identifizieren, die von verschiedenen Elementen des Job Enrichment ausgehen, speziell von einer Teilnahme an Job-Rotation-Programmen und Qualitätszirkeln. Ein ähnliches Ergebnis erhält Bauer (2004), der in seiner Untersuchung auf Basis des European Working Conditions Survey nachweisen kann, dass ein Index, der die Beteiligung eines Beschäftigten an einer Vielzahl von innovativen Arbeitskonzepten abbildet, sich signifikant positiv auf die Arbeitszufriedenheit niederschlägt.

Gesundheitsrisiken

Gesundheitsrisiken können die Arbeitszufriedenheit maßgeblich beeinträchtigen. Blanchflower/Oswald (1999) weisen mittels gepoolter Daten des ISSP für das Jahr 1989 nach, dass die Arbeitszufriedenheit umso geringer ausfällt, je häufiger unter ungesunden Bedingungen gearbeitet wird. Eigene bivariate Auswertungen mit ISSP-Daten des Jahres 2005 belegen dieses Ergebnis grundsätzlich auch für Deutschland: Die durchschnittliche Zufriedenheit mit dem Job sinkt tendenziell, je häufiger Arbeitnehmer angeben, (a) erschöpft von der Arbeit nach Hause zu kommen, (b) eine körperlich schwere Arbeit zu verrichten, (c) ihre Arbeit als stressig zu empfinden oder (d) unter gefährlichen Bedingungen zu arbeiten. Der EWCS signalisiert allerdings, dass der Anteil der Beschäftigten in Deutschland, die ihre Gesundheit oder Sicherheit durch die Arbeit bedroht sahen, im Zeitraum 1991 bis 2010 um rund 10 Prozentpunkte (von 29 Prozent auf gut 19 Prozent) gesunken ist (Eurofound, 2013b). Zudem gaben rund 92 Prozent der Befragten an, dass sie über die Gesundheits- und Sicherheitsrisiken im Zusammenhang mit ihrer Tätigkeit gut oder sehr gut informiert seien.

Aktuell treten offenbar psychische Belastungen in den Vordergrund. Im Jahr 2007 waren hierzulande – nach eigener Einschätzung – 12 Prozent der Erwerbstätigen von solchen Belastungen beeinträchtigt (Statistisches Bundesamt, 2012). Als Auslöser werden vor allem Zeitdruck und Arbeitsüberlastung genannt, während Mobbing und Belästigungen am Arbeitsplatz nur eine untergeordnete Bedeutung zugewiesen wird. Laut Stressreport 2012 der Bundesanstalt für Arbeitsschutz und Arbeitsmedizin (BAuA, 2012) wurden „verschiedenartige Arbeiten gleichzeitig betreuen" (58 Prozent) sowie „starker Termin- und Leistungsdruck" (52 Prozent) am häufigsten als belastende Anforderungen genannt.[3] Der Bericht stellt jedoch ebenso fest, dass sich die psychischen Anforderungen in den vorangegangenen fünf Jahren nur wenig verändert hatten. Zudem ist der Anteil der Befragten, die über eine Zunahme von Stress und Arbeitsdruck in den vorangegangenen zwei Jahren berichteten, sogar gegenüber der Vorgängererhebung von 50 auf 43 Prozent gesunken.

Umfang und Flexibilität der Arbeitszeit

Die Arbeitszeit ist ein Merkmal, das sich unterschiedlich auf die Arbeitszufriedenheit auswirken kann. Eine sehr lange Arbeitszeit kann zu gesundheitlichen und emotionalen Belastungen führen. Daraus lässt sich aber kein linearer negativer Zusammenhang zwischen Arbeitszeit und Arbeitszufriedenheit ableiten. Denn die Beschäftigten werden individuell den Nutzen, den sie mit dem potenziell höheren Einkommen erzielen, mit dem Arbeitsleid ab-

---

[3] Im Rahmen der Anforderungen aus der Arbeitszeitorganisation war der Aspekt Samstagsarbeit (64 Prozent) eine häufige Nennung.

wägen. Darüber hinaus wird mancher Beschäftigte seiner Arbeit einen intrinsischen Wert zuweisen, weil sie zum Beispiel die Möglichkeit vergrößert, soziale Kontakte zu knüpfen oder die eigenen Fähigkeiten unter Beweis zu stellen. Es ist also davon auszugehen, dass jeder Arbeitnehmer einen eigenen, nutzenoptimalen Arbeitszeitwunsch hat. Folglich ist die Annahme plausibel, dass weniger die Arbeitszeit an sich ein Qualitätsmerkmal der ausgeübten Beschäftigung darstellt, sondern eher das Verhältnis zwischen gewünschter und tatsächlicher Arbeitszeit (Clark, 1998, 10).

Die empirischen Befunde deuten darauf hin, dass europaweit Vollzeitarbeitnehmer im Durchschnitt eine Verringerung der Arbeitszeit wünschen, während Teilzeiterwerbstätige länger arbeiten wollen. Rund die Hälfte der Arbeitnehmer ist mit der tatsächlichen Arbeitszeit zufrieden, wobei der größte Teil der Zufriedenen unter jenen zu finden ist, die 35 bis 40 Stunden pro Woche arbeiten (Eurofound, 2012, 38 f.). Einen ähnlichen Befund ergeben eigene Auswertungen für Deutschland mit Daten aus dem SOEP 2010 (Wagner et al., 2007); dagegen ist aus dem ISSP 2005 für alle beteiligten Länder auch für Vollzeitbeschäftigte eine klare Präferenz für eine Arbeitszeitverlängerung abzulesen, die – wenngleich abgeschwächt – auch in Deutschland festzustellen ist.

Die Frage, inwieweit Abweichungen zwischen gewünschter und tatsächlicher Arbeitszeit einen Einfluss auf die Arbeitszufriedenheit haben, ist von Lesch et al. (2011) für Deutschland ökonometrisch untersucht worden. Demnach wirkt sich eine Differenz wie erwartet negativ aus – und zwar umso stärker, je höher die Differenz ist, aber unabhängig davon, ob Erwerbstätige eine längere oder eine kürzere Arbeitszeit bevorzugen. Clark (1998, 14 f.) stützt diesen Befund auch in einem internationalen Kontext – allerdings nur für Erwerbstätige, die kürzere als die tatsächlichen Arbeitszeiten präferieren.

Für manche Arbeitnehmer mag eher die Frage der Arbeitszeitflexibilität von Wichtigkeit sein. So wird unter Umständen eine längere Arbeitszeit hingenommen, wenn sie mit einem hohen Grad an Flexibilität verknüpft ist. Dies ist vor allem bei Personen relevant, bei denen sich die Arbeitszeitpräferenzen vor dem Hintergrund der Vereinbarkeit von Familie und Beruf bilden. Der Faktor der Arbeitszeitflexibilität kann auf recht unterschiedliche Weise operationalisiert werden. Im ISSP sind dabei zwei Aspekte bedeutsam: Erstens wird gefragt, in welchem Umfang Anfangs- und Endzeitpunkt der Arbeit selbst bestimmt werden können. Hier zeigt eine eigene bivariate Betrachtung auf Basis des ISSP 2005 für Deutschland einen eindeutigen Zusammenhang zur Arbeitszufriedenheit. Je mehr Autonomie die Beschäftigten über Beginn und Ende ihrer Arbeitszeit haben, desto zufriedener sind sie. Zweitens wird erhoben, wie schwierig es wäre, während der Arbeitszeit ein oder zwei Stunden freizunehmen, um persönliche Dinge zu erledigen und sich um Familienangelegenheiten zu kümmern. Je unproblematischer diese Option im Job wahrgenommen werden kann, desto höher ist der Anteil der in hohem Maße zufriedenen Arbeitnehmer.

4.2 Personen- und verhaltensbezogene Einflussfaktoren

Ausgewählte soziodemografische Merkmale

Im Allgemeinen reicht es nicht aus, die aus Befragungen gewonnenen Daten oder subjektiven Einschätzungen auszuwerten, ohne individuelle Merkmale zu berücksichtigen. So wird oftmals davon ausgegangen, dass arbeitskontextfreie Merkmale (Geschlecht, Alter, Qualifikation etc.) einen starken Einfluss auf den Grad der Arbeitszufriedenheit haben, weil mit ihnen Präferenzunterschiede, charakteristische Verhaltensweisen, eine unterschiedliche Motivation etc. verbunden sind.

Werden einige als besonders relevant geltende Merkmale im Detail betrachtet, bildet das Geschlecht ein zentrales Kriterium. Häufig wird hier das „Paradox of the Contented Female Worker" (Asadullah/Fernandez, 2008) angesprochen, das sich nicht nur im Vereinigten Königreich und in den USA, sondern auf den ersten Blick auch in Deutschland beobachten lässt. So weisen Frauen in deskriptiven Vergleichen auf Basis des SOEP etwas höhere Werte für die Arbeitszufriedenheit als Männer auf. Allerdings verschwinden – statistisch betrachtet – die Unterschiede oft in multivariaten Untersuchungen, was auf andere Ursachen für die Zufriedenheitsdifferenzen hindeutet (Grund/Sliwka, 2001; Lesch et al., 2011).

Das Alter einer Person wird vielfach als Indikator für die im Lebensverlauf akkumulierten Erfahrungen und sich wandelnden Bewertungen herangezogen. So existiert zum Beispiel ein u-förmiger Zusammenhang zwischen dem Alter und der Arbeitszufriedenheit (Clark et al., 1996). Knabe/Rätzel (2008) und Kassenböhmer/Haisken-DeNew (2008) belegen dies für Deutschland auch hinsichtlich der Lebenszufriedenheit. Als Erklärung bietet sich die sogenannte Grinding-Down-Hypothese an, die eine sinkende Lücke zwischen Ansprüchen und individueller Wahrnehmung im Zeitablauf vorhersagt. Wenn die Ansprüche im Erwerbsverlauf kontinuierlich gesenkt werden und ein Wechsel des Arbeitsplatzes nicht möglich erscheint oder nicht gewünscht ist, steigt die Zufriedenheit im Zeitablauf wieder an (Wright/Hamilton, 1978; Lesch et al., 2011).

Außer dem Geschlecht und dem Alter kann auch die Qualifikation einen Einfluss auf die Arbeitszufriedenheit ausüben. Häufig wird konstatiert, dass ein höheres Bildungsniveau mit einer größeren Unzufriedenheit einhergeht, weil die Ansprüche mit dem Bildungsniveau überproportional steigen und somit schwieriger umzusetzen sind (Clark et al., 1996; Grund/Sliwka, 2001). Als Ursache für steigende Ansprüche kommen vor allem Vergleichsprozesse in Betracht, bei denen als Referenz etwa Kollegen und/oder Freunde mit einem ähnlichen Bildungsniveau herangezogen werden, die subjektiv als erfolgreicher beurteilt werden (Clark, 1996). Allerdings fallen die empirischen Befunde uneinheitlich aus, da auch (teils implizite) Befunde existieren, die keinen oder einen umgekehrten (nicht linearen) Zusammenhang zwischen Qualifikation und Arbeitszufriedenheit nahelegen (Jürges, 2003; Kassenböhmer/Haisken-DeNew, 2008). Denn es scheint auch das Verhältnis von tatsächlicher Qualifikation und der für einen Job erforderlichen Qualifikation von Bedeutung zu sein. Abweichungen (Über- oder Unterqualifikation) führen tendenziell zu Zufriedenheitseinbußen (Jürges, 2003; Verhofstadt/Omey, 2003; Lesch et al., 2011). Allerdings finden Neumann/Schmidt (2013) Indizien dafür, dass auch bei unterqualifizierten Personen der Anteil der Hochzufriedenen groß ausfallen kann.

Ferner zeigen die empirischen Befunde, dass ein guter Gesundheitszustand stark positiv auf die Arbeitszufriedenheit wirkt (Grund/Sliwka, 2001; Sousa-Poza/Sousa-Poza, 2003). Ob allerdings eine hohe Arbeitszufriedenheit die Folge oder die Ursache eines guten Gesundheitszustands ist, ist umstritten (Faragher et al., 2005). Im Übrigen gelten der Familienstand und der Haushaltskontext als zentrale Faktoren, die speziell die Lebenszufriedenheit prägen (Argyle, 1999; Knabe/Rätzel, 2008). Mit Blick auf die Arbeitszufriedenheit ist unklar, ob der Familienstand oder der Haushaltstyp (einschließlich der Zahl der Kinder) sie stärker beeinflussen. Generell scheinen Verheiratete gegenüber Unverheirateten sowie Personen aus Haushalten mit Kindern gegenüber Alleinstehenden jeweils einen Aufschlag auf ihre Arbeitszufriedenheit realisieren zu können (Clark et al., 1996; Lesch et al., 2011).

Persönlichkeitsmerkmale

Neben den individuellen soziodemografischen Merkmalen scheinen auch die Persönlichkeitsmerkmale von Relevanz zu sein. Mit Blick auf interpersonelle Heterogenitäten wird nach Eigenschaften gesucht, die auf persönlicher Ebene vorliegen und welche die Neigung zu bestimmten vorgeprägten Einstellungen und Zufriedenheitsempfindungen erklären. In der soziologischen

Literatur hat sich als Analyseinstrument das Fünf-Faktoren-Modell (die sogenannten Big Five) von Costa/McCrae (1985) etabliert. Im Zentrum des Ansatzes stehen die fünf Persönlichkeitsfaktoren Extraversion, Verträglichkeit, Gewissenhaftigkeit, Neurotizismus und Offenheit für Erfahrungen. Diesen wird auch bei der Analyse der Arbeitszufriedenheit ein teilweise erheblicher Einfluss zugeschrieben (Fietze, 2011).

In zwei Metastudien wurden auf Basis von Korrelationsanalysen die fünf Faktoren im Zusammenhang mit der Arbeitszufriedenheit untersucht (Judge et al., 2002; Bruk-Lee et al., 2009). Beide Studien deuten auf unterschiedlich starke wechselseitige Beziehungen hin. Der betragsmäßig größte Effekt ist negativ und mit dem Faktor Neurotizismus verbunden, das heißt mit der subjektiven Wahrnehmung negativer Emotionen (Judge et al., 2002; Bruk-Lee et al., 2009). Hohe Neurotizismuswerte werden in der Regel mit bestimmten Attributen wie etwa unsicher, traurig, ängstlich oder nervös in Verbindung gebracht und tendenziell emotional labilen Personen zugeschrieben. Fietze (2011) erklärt den signifikant negativen Zusammenhang damit, dass emotional instabile Personen berufliche Anforderungen und fehlende berufliche Anerkennung stärker negativ wahrnähmen und daher im Vergleich zu anderen Personen dieselben Arbeitsbedingungen negativer beurteilten.

Die größte positive Korrelation ist für den Faktor Gewissenhaftigkeit auszumachen, der die Art beschreibt, wie Personen ihre Ziele verfolgen und ihre Aufgaben erfüllen. Typischerweise werden Attribute wie zuverlässig, verantwortungsbewusst, ehrgeizig oder diszipliniert mit einer ausgeprägten Gewissenhaftigkeit assoziiert. Fietze (2011) kann diesen positiven Zusammenhang zur Arbeitszufriedenheit auf Basis des SOEP auch empirisch nachweisen. Er betont zudem die enge Verbindung von Gewissenhaftigkeit und Arbeitsleistung und argumentiert, dass ein hoher Arbeitseinsatz zu Anerkennung führe und dadurch die (Arbeits-)Zufriedenheit ansteige.

Zwei der drei übrigen Persönlichkeitsfaktoren sind ebenfalls positiv korreliert mit der Arbeitszufriedenheit (Fietze, 2011). So führt eine hohe Verträglichkeit von Personen, die durch ein eher altruistisches, wohlwollendes, verständnisvolles und mitfühlendes Verhalten gekennzeichnet sind, zu einer höheren Arbeitszufriedenheit, weil diese Personen Situationen allgemein positiver bewerten. Daneben wird auch dem Faktor Extraversion ein signifikant positiver, wenn auch nicht besonders starker Zusammenhang mit der Arbeitszufriedenheit zugewiesen (Fietze, 2011). Dieser Faktor wird im Allgemeinen mit Personenmerkmalen wie optimistisch, aktiv, energisch, im Mittelpunkt stehend oder heiter in Verbindung gebracht. Fietze (2011) argumentiert, dass Extraversion in enger Korrelation mit der Führungsfähigkeit einer Person stehen dürfte und vermutet daher einen berufsgruppenbezogenen Effekt. Winkelmann/Winkelmann (2008) ermitteln, dass der vergleichsweise größte (positive) Einfluss des Faktors Extraversion auf die Arbeitszufriedenheit bei der Gruppe der Manager zu beobachten ist.

Der Faktor Offenheit (für Erfahrungen) dagegen ist hinsichtlich der Arbeitszufriedenheit nicht eindeutig zu bewerten. Er beschreibt, inwieweit Personen dazu neigen, sich stärker an Neuem als an Vertrautem zu orientieren. Typische Attribute sind wissbegierig, intellektuell, fantasievoll, künstlerisch interessiert oder kreativ (Fietze, 2011). Judge et al. (2002) sowie Bruk-Lee et al. (2009) finden in ihren Untersuchungen sowohl geringe positive als auch negative Korrelationen zwischen dem Faktor Offenheit und der Arbeitszufriedenheit. Fietze (2011) und Winkelmann/Winkelmann (2008) ermitteln jeweils einen eindeutigen signifikant positiven Effekt, dessen Stärke von Berufsgruppe zu Berufsgruppe variiert. In Berufen, die viele Möglichkeiten für neue Erfahrungen bieten oder besondere Anforderungen hinsichtlich der Kreativität stellen, weisen Personen mit einer höheren Offenheit höhere Zufriedenheitswerte auf als in anderen Tätigkeiten.

Vergleichsprozesse und Anspruchsdenken

Für die Zufriedenheitsforschung ist auch entscheidend, welche Bedeutung Vergleichsprozesse für das individuelle Verhalten haben und von welchen Faktoren diese Prozesse beeinflusst werden. Beispielhaft für die Vielzahl an soziologischen und psychologischen Studien soll auf das häufig zitierte Easterlin-Paradoxon aufmerksam gemacht werden. Diesem zufolge nimmt zwar die individuelle Zufriedenheit mit steigendem Einkommen tendenziell zu, gesamtwirtschaftlich jedoch verharrt die Zufriedenheit in entwickelten Staaten auf etwa demselben Niveau, obwohl die Einkommen im Zeitverlauf wachsen (Easterlin, 1974). Eine Erklärung für diesen Befund lautet, dass materielle Ansprüche im gleichen Umfang wie die Einkommen zunehmen, sodass die positive Wirkung höherer Einkommen auf die Zufriedenheit kompensiert wird (Easterlin, 1995).

Entscheidend ist demnach, auf welcher Basis die individuellen Ansprüche gebildet werden. Ein grundlegender Mechanismus besteht darin, dass die eigenen Ansprüche mit der eigenen Ausstattung und den eigenen Möglichkeiten verglichen werden, woraus eine Lücke resultieren kann, die negativ auf die individuelle Zufriedenheit wirkt (Higgins, 1987). Solberg et al. (2002) unterscheiden vor allem Abweichungen, die aus dem Vergleich der eigenen

Situation mit der Situation von relevanten Bezugspersonen entstehen, und Abweichungen, die aus dem Vergleich der eigenen aktuellen Situation mit einer Situation aus der eigenen Vergangenheit entstehen.

Vergleichsprozesse finden im privaten wie im beruflichen Umfeld statt. Allgemein fokussieren sie eher auf das unmittelbare persönliche Umfeld und sind innerhalb einer Bezugsgruppe primär aufwärtsgerichtet (Schmidt, 2008). So ermitteln etwa Wunder/Schwarze (2006), dass aufwärtsgerichtete Einkommensvergleiche die Arbeitszufriedenheit stärker beeinflussen als eine abwärtsgerichtete Perspektive. Sie zeigen, dass aufwärtsgerichtete Vergleiche – entgegen der Intuition – innerhalb einer beruflichen Bezugsgruppe mit einem positiven Effekt auf die Arbeitszufriedenheit verbunden sind. Die Autoren führen dies auf einen Informationseffekt zurück – dass nämlich unabhängig von der eigenen Situation das Beobachten von einkommensstärkeren Personen derselben Bezugsgruppe die Erwartung auf den eigenen Aufstieg weckt.

Werden jedoch Referenzgruppen gebildet, die sich nach Region (etwa West-/Ostdeutschland), Alter und Bildung gleichen, sind die Ergebnisse uneinheitlich. Ferrer-i-Carbonell (2005) stellt mit Daten des SOEP hinsichtlich der Lebenszufriedenheit fest, dass für Personen mit einem höheren als dem durchschnittlichen Einkommen innerhalb ihrer Bezugsgruppe grundsätzlich auch ein positiver, aber insignifikanter Effekt auf die Zufriedenheit verbunden ist. Die Auswertungen der Autorin scheinen daher eher die Hypothese von Kahneman/Tversky (1979, 288) zu bestätigen, dass „losses […] loom larger than gains". Denn sie findet einen signifikant negativen Effekt für Personen, deren Einkommen niedriger ist als das Durchschnittseinkommen der Bezugsgruppe.

Clark/Oswald (1996) setzen zunächst ein Vergleichseinkommen für Personen mit annähernd denselben persönlichen und beruflichen Charakteristika an, das auf Basis einer konventionellen Einkommensgleichung geschätzt wurde. Wenn man davon ausgeht, dass eine Person exakt über ihre Verdienstmöglichkeiten informiert ist, bildet das geschätzte Einkommen ein geeignetes Referenzeinkommen. Die Analyse ergibt, dass der Effekt des Vergleichseinkommens auf die Arbeitszufriedenheit signifikant negativ ausfällt und betragsmäßig größer ist als der Effekt des (absoluten) Einkommens. Vanin (2001) kann diesen Befund zwar nicht bestätigen, allerdings zieht er auch nur eine sehr geringe Anzahl an persönlichen Merkmalen für die Bestimmung des Vergleichseinkommens heran und beschränkt seine Analyse auf Vollzeitbeschäftigte des Jahres 1993.

Aus den dargestellten empirischen Befunden folgt, dass Vergleichsprozesse einen bedeutenden Einfluss auf die Arbeitszufriedenheit ausüben. Aufwärtsgerichtete Vergleiche spielen tendenziell eine größere Rolle als Vergleiche mit rangniedrigeren oder einkommensschwächeren Personen. Umstritten ist, ob aufwärtsgerichtete Vergleiche stets mit negativen Zufriedenheitseffekten verbunden sind oder auch als persönlicher (Leistungs-)Anreiz verstanden werden können. Zudem dürften lokal beschränkte oder direkte Vergleiche – zum Beispiel innerhalb eines Betriebs und/oder zwischen Personen mit ähnlichen Voraussetzungen – von größerer Relevanz sein als Vergleiche mit „entfernteren" Personen (Frank, 1985).

4.3 Zwischenfazit: Warum die Arbeitszufriedenheit eine adäquate Annäherung an die Qualität der Arbeit ist

Die Arbeitszufriedenheit und die Qualität der Arbeit sind unterschiedliche Konstrukte. Dennoch belegt der empirisch nachweisbare Zusammenhang zwischen der Arbeitszufriedenheit und verschiedenen Arbeitsplatzmerkmalen, mit denen die Arbeitsbedingungen beschrieben werden, dass sich die Arbeitszufriedenheit auch als Indikator eignet, der die Qualität der Arbeit näherungsweise widerspiegelt. Die Arbeitszufriedenheit hat gegenüber exogenen Bewertungsmaßstäben den Vorteil, dass auf eine Gewichtung von Teilaspekten verzichtet werden kann. Stattdessen wählt jeder Befragte implizit selbst die für sich relevanten Aspekte seiner Arbeit aus und bewertet sie gemäß seiner individuellen Gewichtung. Normative, kognitive und unbewusste Elemente können so miteinander verknüpft werden (Seashore/Taber, 1975, 335).

Unter Umständen liegen in Beschäftigtenbefragungen auch separate Zufriedenheitswerte für ausgewählte Arbeitsplatzmerkmale oder Arbeitsbedingungen vor. Grundsätzlich bieten derartige mehrdimensionale Befragungen gegenüber eindimensionalen Erhebungen einen Mehrwert (Saane et al., 2003; Judge/Klinger, 2007, 397 f.). Möchte man allerdings zu einem Gesamturteil kommen, bleibt offen, wie man aus einer Reihe von Zufriedenheitswerten für verschiedene Teilbereiche einen Gesamtwert auf individueller Ebene und – als Aggregat der befragten Individuen – auf gesamtwirtschaftlicher Ebene ermitteln kann. Auch mehrdimensionale Ansätze müssen daher im Zusammenhang mit Zufriedenheitswerten die Gewichtungsfrage klären. Diesbezüglich gibt es zwei Möglichkeiten:

Zum einen kann eine Gewichtung für jede einzelne Person auf Mikrodatenebene vorgenommen werden. Dies setzt Informationen über die individuelle Gewichtung der Teilbereiche voraus. Arbeitnehmer müssten also nach der Zufriedenheit mit einem Teilbereich ihrer Arbeitsbedingungen befragt worden sein und zugleich nach der Relevanz, die sie dem betreffenden Teilbereich für das eigene Wohlergehen zuweisen. Auf dieser Basis ließen sich individuelle Gewichtungsfaktoren extrahieren. Quinn/Mangione (1973) bezweifeln jedoch, dass die Validität der Messung steigen würde, selbst wenn diese Angaben vorlägen. Denn das Antwortverhalten der Befragten könnte bereits eine implizite Gewichtung enthalten. So könnten Befragte in Teilbereichen, die sie für wenig wichtig halten, eher geneigt sein, neutrale Bewertungen vorzunehmen, während sie extreme Bewertungen auf der Skala tendenziell bei Aspekten vornehmen, die sie als relevant erachten. Nachweisen ließ sich bislang, dass wichtige Teilaspekte häufig positiver bewertet werden als unwichtige (Russell et al., 2006).

Zum anderen könnten die Gewichtungen von Teilaspekten der Arbeitszufriedenheit auch zusammenfassend für alle Individuen, die in einer Erhebung befragt wurden, ermittelt werden. Dieser Ansatz ist jedoch der individuellen Gewichtung insofern konzeptionell unterlegen, als die Bedeutung der Teilaspekte von Arbeitszufriedenheit dann nur für eine Durchschnittsperson gilt, nicht aber notwendig für das Individuum, auf das die Gewichtung angewendet wird.

Es bleibt daher festzuhalten, dass die allgemeine Arbeitszufriedenheit als Näherungsindikator zur Bewertung der Qualität eines Arbeitsplatzes differenzierten Indikatoren vorzuziehen ist. Dafür spricht auch, dass die Arbeitszufriedenheit eines Beschäftigten ein wichtiger Prädiktor für einen freiwilligen Arbeitsplatzwechsel ist (Albers, 2008, 157; Clark, 2005; Stettes, 2011). Nur wenige Beschäftigte finden sich auf Dauer mit einer Arbeit ab, mit der sie unzufrieden sind. So sortieren sich Arbeitnehmer gemäß ihren individuellen Präferenzen selbst in die für sie günstigen Beschäftigungsverhältnisse. Arbeitnehmer, denen ein hohes Gehalt wichtiger ist als Arbeitszeitflexibilität, werden bevorzugt Beschäftigungen aufnehmen, in denen sie mit der Entlohnung zufrieden sind, aber nicht zwingend mit der Flexibilität der Arbeitszeit. Dies zeigt, dass ein zusammengesetzter Indikator stets eine Durchschnittsbetrachtung über alle möglichen Jobfacetten darstellt und einzelne Kriterien – teilweise implizit – stärker gewichtet werden.

Die allgemeine Arbeitszufriedenheit weist darüber hinaus den Vorteil auf, dass ihre Gültigkeit als Approximation der Qualität der Arbeit auch dann erhalten bleibt, wenn sich die individuellen Präferenzen hinsichtlich der Arbeitsbedingungen (speziell des Einkommens) im Zeitablauf oder bei Berücksichtigung anderer Kontrollgruppen ändern. Dieser sogenannte Preference Drift könnte beispielhaft auch zur Erklärung von Beobachtungen beitragen, die im Rahmen des Easterlin-Paradoxons gemacht wurden

(Easterlin, 1974; Groot/Maassen van den Brink, 2000). Die Gewichte eines aus Teilwerten aggregierten Zufriedenheitsindikators müssten in diesem Fall entsprechend angepasst werden. Dies wird aber in der Regel nicht möglich sein, weil in den Befragungen die relevanten Informationen nicht vorliegen.

Außerdem erlaubt der Rückgriff auf das Konzept der allgemeinen Arbeitszufriedenheit auch die Verwendung von Datensätzen zur Messung der Qualität der Arbeit, die – wie das SOEP – nur einen eingeschränkten Katalog arbeitsplatzbezogener Merkmale beinhalten. Im Gegensatz zu speziell auf diese Thematik zugeschnittenen Befragungen – wie EWCS oder ISSP – lassen sich damit Entwicklungen in der Qualität der Arbeit kontinuierlich auf jährlicher Basis verfolgen.

5 Zusammenfassung

Die vorliegende IW-Position hat verschiedene Konzepte diskutiert, welche die Qualität von Arbeit abbilden. Es wurde im Detail untersucht, worin die Unterschiede und die Gemeinsamkeiten dieser Ansätze bestehen, und insbesondere, welche Fragen zu beantworten sind, wenn auf Basis von Befragungsdaten zu einzelnen Arbeitsplatzmerkmalen aggregierte Indizes für die Qualität der Arbeit abgeleitet werden.

Die Ausführungen haben gezeigt, dass die Messung der Qualität der Arbeit auf einige konzeptionelle und methodische Schwierigkeiten stößt. Soll sich die Messung explizit auf die Tätigkeit als zu klassifizierendes Element beziehen und damit die Eigenschaften eines Arbeitsplatzes beschreiben, ist ein Katalog objektiver Kriterien erforderlich. Dies setzt eine Theorie voraus, die eindeutig definiert, was qualitativ gute oder schlechte Arbeit ausmacht. Kritisch zu hinterfragen ist, ob einer solchen Theorie nicht bereits subjektive Wertungen zugrunde liegen. Zudem stehen objektive Daten selten oder aber nicht in ausreichendem Maße auf ein und demselben Niveau zur Verfügung. Die Lärmbelastung am Arbeitsplatz zum Beispiel ist lediglich in Fallstudien an einem bestimmten Ort zu einem bestimmten Zeitpunkt objektiv zu ermitteln. Die Daten eignen sich folglich nicht dafür, daraus eine umfassende Bewertung der Qualität der Arbeit in einer Volkswirtschaft abzuleiten. Andere Faktoren, wie etwa das Verhalten von Führungskräften, entziehen sich vollständig der objektiven Messbarkeit; ermittelt man sie durch Befragungen wie dem EWCS, dem ISSP, der INQA-Befragung oder dem Gute-Arbeit-Index, ist der objektive Charakter bereits von Anfang an kompromittiert, denn den Antworten liegen notwendigerweise subjektive Empfindungen zugrunde. Aus diesen Gründen kann es eine objektive Messung der Qualität der Arbeit nicht geben.

Es wurden hier Konzepte vorgestellt, die für sich den Anspruch erheben, die Qualität der Arbeit auf nationaler Ebene oder im internationalen Maßstab bewerten zu können. Die Ausführungen haben jedoch gezeigt, dass politisch motivierte Ansätze wie die Decent Work Agenda der ILO oder die Europäische Beschäftigungsstrategie der EU diesen Anspruch nicht erfüllen. Zum einen legen sie einen exogenen Bewertungsmaßstab an, der nicht konsistent aus den Ansprüchen, Wünschen und Vorstellungen der Beschäftigten abgeleitet wird. Zum anderen berücksichtigen sie überwiegend Indikatoren, die zwar den Arbeitsmarkt und die Auswirkungen der Arbeitsmarktordnung beschreiben, allerdings nicht als Maßstab für die Qualität der Arbeit geeignet sind. Das Bewertungssystem ist zudem widersprüchlich, weil ökonomische Zusammenhänge der Funktionalität von Arbeitsmärkten und die Aussichten, als Outsider wieder oder erstmals einen Arbeitsplatz zu finden, teils außer Acht gelassen werden.

Bewertungen auf der Grundlage von Befragungen wie dem EWCS, dem ISSP, der INQA-Befragung und dem Gute-Arbeit-Index bedienen sich zwar – im Unterschied zur Decent Work Agenda und zur Europäischen Beschäftigungsstrategie – ausschließlich solcher Informationen, die von den Beschäftigten selbst stammen. Gleichwohl unterliegen auch diese Ansätze dem Vorbehalt, einen exogenen Maßstab anzulegen, bei dem unsicher ist, ob er adäquat die Qualität der Arbeit misst. Denn erstens weisen die Konzepte ebenfalls Widersprüchlichkeiten und ein teils fragwürdiges Vorgehen bei der Bildung standardisierter Indikatoren- und Indexwerte auf. Zweitens stehen die resultierenden Bewertungen (vor allem für Deutschland) in einem markanten Widerspruch zu den subjektiven Selbsteinschätzungen der befragten Beschäftigten zur eigenen Arbeitszufriedenheit.

Diese subjektiven Selbsteinschätzungen können – als Ergebnis der Interaktion zwischen den Arbeitnehmern und den objektiven Eigenschaften der Tätigkeit – im Rahmen des Konzepts der (allgemeinen) Arbeitszufriedenheit herangezogen werden (Locke, 1976). Die Arbeitszufriedenheit eignet sich daher als aussagekräftiger Maßstab für die subjektiv von den Beschäftigten empfundene Qualität der Arbeit.

Wenn das Forschungsinteresse darin liegt, die Qualität der Arbeit in der Gesamtwirtschaft zu messen, ist ein eindimensionaler, umfassender Indikator der Arbeitszufriedenheit ausreichend und einer Reihe von Zufriedenheitsindikatoren vorzuziehen, die mehrdimensional möglichst viele jobrelevante Merkmale erfassen. Denn ein partieller Ansatz beinhaltet stets die Gefahr, nur einen Teil des komplexen Phänomens der Qualität von Arbeit oder der Zufriedenheit mit der Arbeit abzubilden. Denn zum einen machen es fehlende Angaben zur Relevanz einzelner Merkmale schwer, eine angemessene Gewichtung der empirischen Ergebnisse durchzuführen, und zum anderen dürfte es sich als äußerst schwierig erweisen, individuelle Ansprüche für eine Vielzahl verschiedener Jobmerkmale zu modellieren. Mehrdimensionale Zufriedenheitswerte können allerdings dann wertvolle Informationen generieren, wenn die jeweiligen Teilaspekte von Arbeitszufriedenheit selbst im Mittelpunkt der Fragestellung stehen (Saari/Judge, 2004, 400 f.).

Wie ist nun abschließend die Qualität der Arbeit in Deutschland einzuschätzen? Greift man zum Beispiel auf den EWCS als repräsentative empirische Grundlage zurück, sind knapp neun von zehn Beschäftigten mit ihren Arbeitsbedingungen insgesamt zufrieden. An diesem hohen Wert hat sich faktisch nichts geändert seit der ersten EWCS-Erhebung im Jahr 1995. Dies zeigt eindeutig, dass Schwanengesänge, die Qualität der Arbeit sei hierzulande in den vergangenen Jahren durch einen zunehmenden Druck in der Arbeitswelt und eine arbeitnehmerfeindliche Politik gesunken, in keiner Weise gerechtfertigt sind. Derartige Stimmungsbilder übersehen zudem, dass für die Unternehmen zufriedene Mitarbeiter die Basis sind für einen nachhaltigen wirtschaftlichen Erfolg. Eine hohe Zufriedenheit setzt voraus, dass die Unternehmen die Ansprüche und Wünsche der Beschäftigten hinsichtlich der Qualität der Arbeit angemessen mit den betrieblichen Notwendigkeiten ausbalancieren.

Literatur

Albers, Hans-Jürgen, 2008, Arbeitszufriedenheit, in: May, Hermann (Hrsg.), Handbuch zur ökonomischen Bildung, München, S. 149–161

Anker, Richard et al., 2002, Measuring Decent Work with Statistical Indicators, Policy Integration Department of the International Labour Office, Working Paper, No. 2, Genf

Argyle, Michael, 1999, Causes and Correlates of Happiness, in: Kahneman, Daniel / Diener, Ed / Schwarz, Norbert (Hrsg.), Well-Being. The Foundations of Hedonic Psychology, Russel Sage Foundation, New York, S. 353–373

Asadullah, Mohammad N. / **Fernandez**, Rosa M., 2008, Work-Life Balance Practices and the Gender Gap in Job Satisfaction in the UK. Evidence from Matched Employer-Employee Data, IZA Discussion Paper, No. 3582, Bonn

Aziri, Brikend, 2011, Job Satisfaction. A Literature Review, in: Management Research and Practice, Vol. 3, No. 4, S. 77–86

Bastien, Anne et al., 2013, Quality of Work. How does it matter in Europe? A comparative analysis of four EU states, Enterprise Personnel Panorama, No. 309A, Paris

Bauer, Thomas, 2004, High performance workplace practices and job satisfaction. Evidence from Europe, IZA Discussion Paper, No. 1265, Bonn

BAuA – Bundesanstalt für Arbeitsschutz und Arbeitsmedizin (Hrsg.), 2012, Stressreport Deutschland 2012. Psychische Anforderungen, Ressourcen und Befinden, Dortmund

Beckmann, Michael / **Binz**, Andrea / **Schauenberg**, Bernd, 2007, Fixed-term employment and job satisfaction. Evidence from individual-level data accounting for selectivity bias, WWZ-Diskussionspapier, Nr. 03/07, Basel

Benz, Matthias / **Frey**, Bruno S., 2003, The Value of Autonomy. Evidence from the Self-Employed in 23 Countries, Institute for Empirical Reseach in Economics, Working Paper, No. 173, Zürich

Blanchflower, David G. / **Oswald**, Andrew J., 1999, Well-Being, Insecurity and the Decline of American Job Satisfaction, http://www.dartmouth.edu/~blnchflr/papers/JobSat.pdf [10.1.2013]

Boyce, Christopher J. / **Oswald**, Andrew J., 2008, Do People Become Healthier after Being Promoted?, IZA Discussion Paper, No. 3894, Bonn

Brown, Gordon D. A. / **Gardner**, Jonathan / **Oswald**, Andrew J. / **Qian**, Jing, 2005, Does Wage Rank Affect Employees' Wellbeing?, IZA Discussion Paper, No. 1505, Bonn

Bruk-Lee, Valentina et al., 2009, Replicating and Extending Past Personality/Job Satisfaction Meta-Analyses, in: Human Performance, Vol. 22, No. 2, S. 156–189

Clark, Andrew E., 1996, Job Satisfaction in Britain, in: British Journal of Industrial Relations, Vol. 34, No. 2, S. 189–217

Clark, Andrew E., 1997, Job satisfaction and gender. Why are women so happy at work?, in: Labour Economics, Vol. 4, No. 4, S. 341–372

Clark, Andrew E., 1998, Measures of job satisfaction. What makes a good job? Evidence from OECD Countries, Organisation for Economic Co-operation and Development, Labour Market and Social Policy Occasional Paper, No. 34, Paris

Clark, Andrew E., 2005, Your Money or Your Life: Changing Job Quality in OECD Countries, in: British Journal of Industrial Relations, Vol. 43, No. 3, S. 377–400

Clark, Andrew E., 2009, Work, Jobs and Well-Being Across the Millennium, http://www.cepremap.ens.fr/depot/docweb/docweb0901.pdf [9.1.2013]

Clark, Andrew E. / **Oswald**, Andrew J., 1996, Satisfaction and Comparison Income, in: Journal of Public Economics, Vol. 61, No. 3, S. 359–381

Clark, Andrew E. / **Oswald**, Andrew J., 2002, A simple statistical method for measuring how life events affect happiness, in: International Journal of Epidemiology, Vol. 31, No. 6, S. 1139–1144

Clark, Andrew E. / **Oswald**, Andrew J. / **Warr**, Peter, 1996, Is Job Satisfaction U-shaped in Age?, in: Journal of Occupational and Organizational Psychology, Vol. 69, No. 1, S. 57–81

Cornelißen, Thomas, 2006, Job Characteristics as Determinants of Job Satisfaction and Labour Mobility, Institut für empirische Wirtschaftsforschung, Diskussionspapier, Nr. 334, Hannover

Cornelißen, Thomas / **Heywood**, John S. / **Jirjahn**, Uwe, 2008, Performance Pay, Risk Attitudes and Job Satisfaction, SOEPpapers, No. 136, Berlin

Costa, Paul T. / **McCrae**, Robert R., 1985, The NEO Personality Inventory Manual, Psychological Assessment Resources, Odessa

Dahl, Svenn-Age / **Nesheim**, Torstein / **Olsen**, Karen M., 2009, Quality of work. Concept and measurement, REC-WP 05/2009, Edinburgh

Davoine, Lucie / **Erhel**, Christine / **Guergoat**, Mathilde, 2008a, A Taxonomy of European Labour Markets Using Quality Indicators. Final Report for the European Commission, Marne-la-Vallée

Davoine, Lucie / **Erhel**, Christine / **Guergoat**, Mathilde, 2008b, Monitoring Quality in Work. European Employment Strategy Indicators and beyond, in: International Labour Review, Vol. 147, No. 2-3, S. 163–198

Easterlin, Richard A., 1974, Does Economic Growth Improve the Human Lot? Some Empirical Evidence, in: David, Paul A. / Reder, Melvin W. (Hrsg.), Nations and Households in Economic Growth. Essays in Honor of Moses Abramovitz, New York, S. 89–125

Easterlin, Richard A., 1995, Will Raising the Incomes of All Increase the Happiness of All?, in: Journal of Economic Behavior and Organization, Vol. 27, No. 1, S. 35–47

EU-Kommission, 2001, Beschäftigung in Europa 2001. Jüngste Tendenzen und Ausblick in die Zukunft, Luxemburg

EU-Kommission, 2002, Beschäftigung in Europa 2002. Jüngste Tendenzen und Ausblick in die Zukunft, Luxemburg

EU-Kommission, 2003, Beschäftigung in Europa 2003. Jüngste Tendenzen und Ausblick in die Zukunft, Luxemburg

EU-Kommission, 2008, Employment in Europe 2008, Luxemburg

EU-Kommission, 2012, Employment and Social Developments in Europe 2011, Luxemburg

Eurofound, 2002, Quality of work and employment in Europe. Issues and challenges, Foundation Paper, No. 1, Dublin

Eurofound, 2005, Quality in work and employment, Dublin

Eurofound, 2007, Measuring job satisfaction in surveys. Comparative analytical report, Dublin

Eurofound, 2009, Convergence and divergence of working conditions in Europe: 1990–2005, Dublin

Eurofound, 2012, Trends in job quality in Europe, Luxemburg

Eurofound, 2013a, European Working Conditions Surveys (EWCS), http://www.eurofound.europa.eu/surveys/ewcs/index.htm [7.1.2013]

Eurofound, 2013b, European Working Conditions Survey (EWCS) 2010, http://www.eurofound.europa.eu/surveys/smt/ewcs/ewcs2010_07_03.htm [2.4.2013]

Faragher, E. Brian / **Cass**, Marc / **Cooper**, Cary L., 2005, The relationship between job satisfaction and health. A meta-analysis, in: Occupational and Environmental Magazine, Vol. 62, No. 2, S. 105–112

Ferreira, Yvonne, 2007, Evaluation von Instrumenten zur Erhebung der Arbeitszufriedenheit, in: Zeitschrift für Arbeitswissenschaft, 61. Jg., Nr. 2, S. 87–94

Ferrer-i-Carbonell, Ada, 2005, Income and Well-Being. An Empirical Analysis of the Comparison Income Effect, in: Journal of Public Economics, Vol. 89, No. 5-6, S. 997–101

Fietze, Simon, 2011, Arbeitszufriedenheit und Persönlichkeit: „Wer schaffen will, muss fröhlich sein!", SOEPpapers, No. 388, Berlin

Francesconi, Marco, 2001, Determinants and consequences of promotions in Britain, in: Oxford Bulletin of Economics and Statistics, Vol. 63, No. 3, S. 279–310

Frank, Robert H., 1985, Choosing the Right Pond. Human Behaviour and the Quest for Status, New York

Freeman, Richard B., 1978, Job Satisfaction as an Economic Variable, in: American Economic Review, Vol. 68, No. 2, S. 135–141

Frey, Bruno S. / **Benz**, Matthias, 2008, Being Independent is a Great Thing. Subjective Evaluations of Self-Employment and Hierarchy, in: Economica, Vol. 75, No. 298, S. 362–383

Frey, Bruno S. / **Stutzer**, Alois, 2002, What Can Economists Learn from Happiness Research?, in: Journal of Economic Literature, Vol. 40, No. 2, S. 402–435

Frey, Bruno S. / **Benz**, Matthias / **Stutzer**, Alois, 2004, Introducing procedural utility. Not only what, but also how matters, in: Journal of Institutional and Theoretical Economics, Vol. 160, No. 3, S. 377–401

Fuchs, Tatjana, 2006, Was ist gute Arbeit? Anforderungen aus der Sicht von Erwerbstätigen, Konzeption und Auswertung einer repräsentativen Untersuchung, INQA-Bericht, Nr. 19, Dortmund

Fuchs, Tatjana, 2008, Der DGB-Index Gute Arbeit, http://www.dgb-index-gute-arbeit.de/downloads/publikationen/data/methodenpapier.pdf [2.1.2013]

Fuchs, Tatjana, 2009, Arbeitsbedingungen in Deutschland aus Sicht von Arbeitnehmer/innen. Zwischen Anforderungen und Wirklichkeit, in: Borchers, Dagmar / Pape, Klaus (Hrsg.), Gute Arbeit. Gesellschaftliche Rahmenbedingungen und betriebliche Praxis, Hannover, S. 33–57

Gallie, Duncan, 2012, Skills, Job Control and the Quality of Work. The Evidence from Britain, Geary Lecture 2012, in: Economic and Social Review, Vol. 43, No. 3, S. 325–341

Gambacorta, Romina / **Iannario**, Maria, 2012, Statistical models for measuring job satisfaction, Banca D'Italia, Working Paper, No. 852, Rom

Green, Francis, 2006, Demanding Work. The Paradox of Job Quality in the Affluent Economy, Princeton

Groot, Wim / **Maassen van den Brink**, Henriette, 2000, Life Satisfaction and Preference Drift, in: Social Indicators Research, Vol. 50, No. 3, S. 315–328

Grund, Christian / **Sliwka**, Dirk, 2001, The Impact of Wage Increases on Job Satisfaction. Empirical Evidence and Theoretical Implications, IZA Discussion Paper, No. 387, Bonn

Grund, Christian / **Sliwka**, Dirk, 2006, Performance Pay and Risk Aversion, IZA Discussion Paper, No. 2012, Bonn

Hamermesh, Daniel S., 1977, Economic Aspects of Job Satisfaction, in: Ashenfelter, Orley. C. / Oates, Wallace. E. (Hrsg.), Essays in Labor Market Analysis, New York, S. 53–72

Herzberg, Frederick / **Mausner**, Bernard / **Synderman**, Barbara B., 1959, The motivation to work, New York

Heywood, John S. / **Wei**, Xiangdong, 2006, Performance Pay and Job Satisfaction, in: Journal of Industrial Relations, Vol. 48, No. 4, S. 523–540

Higgins, E. Tory, 1987, Beyond pleasure and pain, in: American Psychologist, Vol. 52, No. 12, S. 1280–1300

Hirsch, Fred, 1980, Die sozialen Grenzen des Wachstums, Reinbek

Huberman, Bernardo A. / **Loch**, Christoph H. / **Önçüler**, Ayse, 2001, Status as a Valued Resource, INSEAD Working Paper, No. 2001/49/TM, Fontainebleau

ILO – International Labour Organisation, 1998, Declaration on the Fundamental Principles and Rights at Work, http://www.ilo.org/public/libdoc/ilo/2009/458641.pdf [2.1.2013]

ILO, 2008, Tripartite Meeting of Experts on the Measurement of Decent Work, Chairperson's Report, Genf

ILO, 2012a, Decent Work Agenda, http://www.ilo.org/global/about-the-ilo/decent-work-agenda/lang--en/index.htm [2.1.2013]

ILO, 2012b, Measuring Decent Work, http://www.ilo.org/integration/themes/mdw/lang--en/index.htm [2.1.2013]

Johnston, David / **Lee**, Wang-Sheng, 2012, Extra Status and Extra Stress. Are Promotions Good for Us?, IZA Discussion Paper, No. 6675, Bonn

Judge, Timothy A. / **Klinger**, Ryan, 2007, Job satisfaction: Subjective well-being at work, in: Eid, Michael / Larsen, Randy J. (Hrsg.), The science of subjective well-being, Guilford Publications, New York, S. 393–413

Judge, Timothy A. / **Heller**, Daniel / **Mount**, Michael K., 2002, Five-Factor Model of Personality and Job Satisfaction. A Meta-Analysis, in: Journal of Applied Psychology, Vol. 87, No. 3, S. 530–541

Jürges, Hendrik, 2003, Age, Cohort, and the Slump in Job Satisfaction among West German Workers, in: Labour, Vol. 17, No. 4, S. 489–518

Kahneman, Daniel / **Deaton**, Angus, 2010, High income improves evaluation of life but not emotional well-being, in: Proceedings of the National Academy of Sciences of the United States of America, Vol. 107, No. 38, S. 16489–16493

Kahneman, Daniel / **Tversky**, Amos, 1979, Prospect Theory. An Analysis of Decision under Risk, in: Econometrica, Vol. 47, No. 2, S. 263–292

Kaiser, Lutz C., 2002, Job Satisfaction. A Comparison of Standard, Non-Standard, and Self-Employment Patterns across Europe with a Special Note to the Gender/Job Satisfaction Paradox, European Panel Analysis Group (EPAG), Working Paper, No. 27, University of Essex, Colchester

Kalleberg, Arne L. / **Resking**, Barbara F. / **Hudson**, Ken, 2000, Bad jobs in America. Standard and nonstandard employment relations and job quality in the United States, in: American Sociological Review, Vol. 65, No. 2, S. 256–278

Kassenböhmer, Sonja C. / **Haisken-DeNew**, John P., 2008, Heresy or Enlightenment? The Wellbeing Age U-Shape is Really Flat!, http://www.diw.de/documents/dokumentenarchiv/17/diw_01.c.83662.de/soep08_full_kassenboehmer_haisken.pdf [1.9.2010]

Kenny, Charles, 1999, Does Growth Cause Happiness, or Does Happiness Cause Growth?, in: Kyklos, Vol. 52, No. 1, S. 3–26

Knabe, Andreas / **Rätzel**, Steffen, 2008, Wie zufrieden macht die Arbeit? Eine neue Quantifizierung der nicht-pekuniären Kosten der Arbeitslosigkeit, http://www-f.uni-magdeburg.de/~vwl1/forschung/forschung_dateien/Wie%20zufrieden%20macht%20die%20Arbeit.pdf [28.11.2012]

Kosteas, Vasilios D., 2010, Job Satisfaction and Promotions, http://academic.csuohio.edu/kosteas_b/Job%20Satisfaction%20and%20Promotions.pdf [29.11.2012]

Lesch, Hagen / **Schäfer**, Holger / **Schmidt**, Jörg, 2011, Arbeitszufriedenheit in Deutschland. Messkonzepte und empirische Befunde, IW-Analysen, Nr. 70, Köln

Levy-Garboua, Louis / **Montmarquette**, Claude, 2004, Reported Job Saticfaction: What does it mean?, in: Journal of Socio-Economics, Vol. 33, No. 2, S. 135–151

Locke, Edwin A., 1976, The Nature and Causes of Job Satisfaction, in: Dunnette, Marvon (Hrsg.), Handbook of Industrial and Organizational Psychology, Chicago, S. 1297–1350

McGovern, Patrick / **Smeaton**, Deborah / **Hill**, Stephan, 2004, Bad jobs in Britain. Nonstandard Employment and Job Quality, in: Work and Occupations, Vol. 31, No. 2, S. 225–249

Mohr, Robert D. / **Zoghi**, Cindy, 2006, Is Job Enrichment Really Enriching?, U.S. Bureau of Labor Statistics, Working Paper, No. 389, http://www.bls.gov/ore/pdf/ec060010.pdf [30.11.2012]

Muñoz Bustillo Llorente, Rafael / **Fernández Macías**, Enrique, 2005, Job satisfaction as an indicator of the quality of work, in: Journal of Socio-Economics, Vol. 34, No. 5, S. 656–673

Neumann, Michael / **Schmidt**, Jörg, 2013, Glücksfaktor Arbeit. Was bestimmt unsere Lebenszufriedenheit?, RHI-Diskussionen, Nr. 21, München

Nguyen, Anh N. / **Taylor**, Jim / **Bradley**, Steve, 2003, Relative pay and job satisfaction: some new evidence, Lancaster University Management School, Working Paper, No. 2003/045, Lancaster

Peña-Casas, Ramón, 2009, Monitoring Quality of Work and Employment in the European Union. Conceptual Framework and Indicators, in: Guillén, Ana A. M. / Dahl, Svenn-Åge (Hrsg.), Quality of Work in the European Union. Concept, Data and Debates from a Transnational Perspective, Brüssel, S. 41–86

Prümper, Jochen / **Richenhagen**, Gottfried, 2009, Arbeitswissenschaftliche Bewertung des DGB-Index Gute Arbeit, in: Zeitschrift für Arbeitswissenschaft, 63. Jg., Nr. 2, S. 175–187

Quinn, Robert P. / **Mangione**, Thomas W., 1973, Evaluating Weighted Models of Measuring Job Satisfaction. A Cinderella Story, in: Organizational Behavior and Human Performance, Vol. 10, No. 1, S. 1–23

Russell, Lara B. / **Hubley**, Anita M. / **Palepu**, Anita / **Zumbo**, Bruno D., 2006, Does Weighting Capture What's Important? Revisiting Subjective Importance Weighting with a Quality of Life Measure, in: Social Indicators Research, Vol. 75, No. 1, S. 141–167

Saane, N. van / **Sluiter**, J. K. / **Verbeek**, J. H. A. M. / **Frings-Dresen**, M. H. W., 2003, Reliability and validity of instruments measuring job satisfaction. A systematic review, in: Occupational Medicine, Vol. 53, No. 3, S. 191–200

Saari, Lise M. / **Judge**, Timothy A., 2004, Employee Attitudes and Job Satisfaction, in: Human Resource Management, Vol. 43, No. 4, S. 395–407

Schäfer, Holger, 2010, Sprungbrett oder Sackgasse? Entwicklung und Strukturen von flexiblen Erwerbsformen in Deutschland, in: IW-Trends, 37. Jg., Nr. 1, S. 47–63

Schäfer, Holger / **Schmidt**, Jörg, 2012, Der Niedriglohnsektor in Deutschland. Entwicklung, Struktur und individuelle Erwerbsverläufe, IW-Analysen, Nr. 77, Köln

Schäfer, Holger / **Schmidt**, Jörg / **Stettes**, Oliver, 2013, Beschäftigungsperspektiven von Frauen. Eine arbeitsmarktökonomische Analyse im Spiegel der Gleichstellungsdebatte, IW-Positionen, Nr. 57, Köln

Schmidt, Jörg, 2008, Relative Deprivation, Arbeitszufriedenheit und Betriebswechsel. Eine Analyse auf Basis von Linked Employer-Employee Daten, Schriften zur empirischen Wirtschaftsforschung, Nr. 11, Frankfurt am Main

Schokkaert, Erik / **Van Ootegem**, Luc / **Verhofstadt**, Elsy, 2009, Measuring job quality and job satisfaction, Ghent University, Faculty of Economics and Business Administration, Working Paper, No. 2009/620, Gent

Seashore, Stanley E. / **Taber**, Thomas D., 1975, Job Satisfaction Indicators and Their Correlates, in: American Behavioral Scientist, Vol. 18, No. 3, S. 333–368

Solberg, Emily C. et al., 2002, Wanting, Having, and Satisfaction. Examining the Role of Desire Discrepancies in Satisfaction With Income, in: Journal of Personality and Social Psychology, Vol. 83, No. 3, S. 725–734

Sousa-Poza, Alfonso / **Sousa-Poza**, Andrés A., 2000a, Taking Another Look at the Gender/Job-Satisfaction Paradox, in: Kyklos, Vol. 53, No. 2, S. 135–152

Sousa-Poza, Alfonso / **Sousa-Poza**, Andrés A., 2000b, Well-being at work. A cross-national analysis of the levels and determinants of job satisfaction, in: Journal of Socio-Economics, Vol. 29, No. 6, S. 517–538

Sousa-Poza, Alfonso / **Sousa-Poza**, Andrés A., 2003, Gender differences in job satisfaction in Great Britain, 1991–2000: permanent or transitory?, in: Applied Economics Letters, Vol. 10, No. 11, S. 691–694

Statistisches Bundesamt (Hrsg.), 2012, Qualität der Arbeit. Geld verdienen und was sonst noch zählt, Wiesbaden

Stettes, Oliver, 2011, Berufliche Mobilität. Gesamtwirtschaftliche Evidenz und individuelle Einflussfaktoren, in: IW-Trends, 38. Jg., Nr. 4, S. 41–55

Uher, Rolf, 2000, The International Social Survey Programme, in: Schmollers Jahrbuch, Vol. 120, No. 4, S. 663–672

Van der Meer, Peter / **Wielers**, Rudi, 2011, What Makes Workers Happy?, http://peer.ccsd.cnrs.fr/docs/00/73/45/30/PDF/PEER_stage2_10.1080%252F00036846.2011.602011.pdf [2.4.2013]

Vanin, Paolo, 2001, Job Satisfaction and Comparison Income in Germany, Graduate School of Economics, mimeo, Bonn

Verhofstadt, Elsy / **Omey**, Eddy, 2003, The impact of education on job satisfaction in the first job, Ghent University, Faculty of Economics and Business Administration, Working Paper, No. 2003/169, Gent

Wagner, Gert G. / **Frick**, Joachim R. / **Schupp**, Jürgen, 2007, The German Socio-Economic Panel Study (SOEP). Scope, Evolution and Enhancements, in: Schmollers Jahrbuch, Vol. 127, No. 1, S. 139–136

Winkelmann, Liliana / **Winkelmann**, Rainer, 2008, Personality, work, and satisfaction. Evidence from the German Socio-Economic Panel, in: Journal of Positive Psychology, Vol. 3, No. 4, S. 266–275

Winkelmann, Rainer / **Winkelmann**, Liliana, 1998, Why Are the Unemployed So Unhappy? Evidence from Panel Data, in: Economica, Vol. 65, No. 257, S. 1–15

Wright, James D. / **Hamilton**, Richard F., 1978, Work Satisfaction and Age. Some Evidence for the "Job Change" Hypothesis, in: Social Forces, Vol. 56, No. 4, S. 1140–1158

Wunder, Christoph / **Schwarze**, Johannes, 2006, Income Inequality and Job Satisfaction of Full-Time Employees in Germany, IZA Discussion Paper, No. 2084, Bonn

Kurzdarstellung

Die Messung der Qualität der Arbeit ist mit konzeptionellen und methodischen Schwierigkeiten behaftet. Eine objektive Vorgehensweise würde eine Theorie über eine wohldefinierte Auswahl von Kriterien voraussetzen. Doch gerade einer solchen Theorie liegen bereits subjektive Wertungen zugrunde. Hinzu kommt, dass viele Faktoren nicht objektiv messbar sind. Vor diesem Hintergrund können Indikatoren, die aus einzelnen Faktoren aggregiert werden, den Anspruch der Objektivität grundsätzlich nicht erfüllen. Aussichtsreicher erscheint es daher, die Bewertung der Qualität der Arbeit auf die subjektiven Einschätzungen der Beschäftigten zu stützen, wie es das Konzept der Arbeitszufriedenheit leistet. Der Vergleich von subjektiven Indikatoren der Arbeitszufriedenheit mit zusammengesetzten Indikatoren der Qualität der Arbeit zeigt, dass deren Befunde zum Teil erheblich voneinander abweichen.

Abstract

Measuring the quality of work implies conceptual and methodological challenges. An objective approach requires a theory about a well-defined catalogue of criteria. But this theory itself would be based on subjective evaluations. In addition, many factors cannot be measured in an objective way. In this context, we conclude that aggregated indicators of the quality of work cannot fulfill the assumption of objectivity. Therefore, we suggest to base evaluations of the quality of work on workers' judgements. This is considered within the concept of job satisfaction. Comparing aggregated measures of the quality of work with indicators of job satisfaction shows that both concepts may lead to contrasting results.

Die Autoren

Dipl.-Ökonom **Holger Schäfer**, geboren 1969 in Bremen; Studium der Wirtschaftswissenschaften in Bremen; seit 2000 im Institut der deutschen Wirtschaft Köln, Senior Economist im Kompetenzfeld „Arbeitsmarkt- und Personalökonomik".

Dr. rer. pol. **Jörg Schmidt**, geboren 1975 in Kassel; Studium der Volkswirtschaftslehre in Göttingen und Promotion in Münster; seit 2007 im Institut der deutschen Wirtschaft Köln, Senior Economist im Kompetenzfeld „Arbeitsmarkt- und Personalökonomik".

Dr. rer. pol. **Oliver Stettes**, geboren 1970 in Leverkusen; Ausbildung zum Industriekaufmann; Studium der Volkswirtschaftslehre in Köln und Promotion in Würzburg; seit 2004 im Institut der deutschen Wirtschaft Köln, seit 2011 Leiter des Kompetenzfelds „Arbeitsmarkt- und Personalökonomik".